追寻教育理想　开启未来学校

基础教育高质量发展实践与探索

主编　袁　媛

西北大学出版社

·西安·

图书在版编目（CIP）数据

基础教育高质量发展实践与探索 / 袁媛主编.
西安：西北大学出版社，2024. 10. -- ISBN 978-7
-5604-5514-3

Ⅰ. G639.2

中国国家版本馆 CIP 数据核字第 2024TG7936 号

基础教育高质量发展实践与探索
JICHU JIAOYU GAOZHILIANG FAZHAN SHIJIAN YU TANSUO

主　　编	袁媛
出版发行	西北大学出版社
地　　址	西安市太白北路 229 号
邮　　编	710069
电　　话	029-88303310
网　　址	http://nwupress.nwu.edu.cn
电子邮箱	xdpress@nwu.edu.cn
经　　销	全国新华书店
印　　刷	陕西瑞升印务有限公司
开　　本	787mm×1092mm　1/16
印　　张	14.75
字　　数	300 千字
版　　次	2024 年 10 月第 1 版　2024 年 10 月第 1 次印刷
书　　号	ISBN 978-7-5604-5514-3
定　　价	86.00 元

如有印装质量问题，请与西北大学出版社联系调换，电话 029-88302966。

《基础教育高质量发展实践与探索》
编 委 会

主 编 袁 媛
编 委（按姓氏笔画排序）
　　　　牛　欣　刘　敏　孙　静　张秋敏
　　　　张钰雨　陈　露　赵　萍　郝燕燕
　　　　贾婷婷　焦　怡

自 序

基础教育，作为国民教育体系的基石，具有深远的基础性和先导性意义。它肩负着为党育人、为国育才的重要使命。全书围绕"高质量育人的自我追问、核心素养落地的行动自觉、回归教育本真的不懈求索"三大主题，全面展示了咸阳市秦都区英才学校在高质量育人方面的底气、动力、实践以及未来的展望。通过真实而深刻的描述，我们看到了学校的前瞻性思考和明确的目标定位，以及其对"正德优学美好教育"品牌的坚定追求。学校积极落实"双减"政策和"五项管理"，致力于提升教育教学质量，汇聚强大的育人合力，营造出一个以政府兴教为本、民众助教为荣、教师正德为责、学生优学为乐的美好教育生态。这一切的努力，都是为了在咸阳教育高质量发展的新赛道上展现出卓越的作为。本书不仅展示了秦都教育系统在推动基础教育高质量发展过程中的深邃思考和卓越智慧，也总结了新时代咸阳基础教育领域改革创新的先进经验。它的目标在于聚焦固本强基、聚焦优质均衡，为全国基础教育的发展提供可复制、可操作的办学经验和办学模式，以推动基础教育的高质量发展。

袁媛

2024 年 9 月

目　录

第一章　基础教育理论 1

第一节　基础教育及其特征 1
一、概念 1
二、基本特征 1

第二节　基础教育的现状与发展趋势 10
一、现状分析 10
二、发展趋势 14

第三节　基础教育的意义和目标 17
一、新时代加快建设教育强国的重大战略意义 17
二、新时代加快建设教育强国的坚实基础 18
三、新时代加快建设教育强国的总体方向和重点任务 19

第四节　基础教育的培养目标 21
一、核心素养 21
二、两大路径 22
三、"三有"目标 22
四、四大突破 22
五、五项策略 23

第五节　怎样做好基础教育 24
一、推进自身建设 24
二、推进制度建设 25
三、推进运行机制建设 26

第二章　秦都区英才学校教育实践 27

第一节　学校概况 27
一、硬件设施 27

二、师资队伍 ··· 28
　　三、学校荣誉 ··· 28
第二节　办学理念 ··· 31
　　一、顶层设计——打造以美蕴德的生命园 ······················· 31
　　二、以人为本——打造人文关怀的幸福家 ······················· 36
　　三、评价引导——培养全面发展的美少年 ······················· 37
第三节　学校管理 ··· 42
　　一、党建引领高质量高水平发展 ······································· 43
　　二、精细化管理，夯实教学常规 ······································· 47
第四节　校园安全 ··· 48
　　一、建立长效机制，筑牢校园安全屏障 ··························· 49
　　二、多方协作，加强校园食品安全管理 ··························· 52
　　三、齐抓共管，织牢未成年人保护网 ······························· 55
　　四、践行绿色环保理念，赋能美好生态校园 ··················· 57
第五节　队伍建设 ··· 62
　　一、重培养，强队伍 ··· 63
　　二、重人才，强引进 ··· 71
第六节　核心素养落地的行动自觉 ······································· 72
　　一、课程建设 ··· 73
　　二、学生活动 ··· 83
　　三、数字校园建设 ··· 87
第七节　回归教育本真的不懈求索 ······································· 91
　　一、概述 ··· 91
　　二、课后服务 ··· 94
　　三、品牌德育课程 ··· 99

附　录 ·· 112

后　记 ·· 227

第一章 基础教育理论

第一节 基础教育及其特征

一、概念

从最近一次政府机构改革县级以上教育行政部门设立基础教育管理机构以来,基础教育已成为全国上下普遍认同的一种概念,它涵盖了学前教育、普通中小学教育、残疾儿童特殊教育和扫盲教育。翻阅教育部国际合作与交流司编写的《国外基础教育调研报告》(首都师范大学出版社,2001年11月第1版),国外尚不见提及"基础教育"这一概念。查阅《教育管理辞典》(海南出版社,1997年7月第2版)的"基础教育"词条,有三层含义:①对受教育者所实施的最初阶段的文化科学知识的教育,最初阶段的年限,各国的国情不同,其年限也不同,一般是指小学和中学阶段,《中华人民共和国义务教育法》规定,从小学到初中实施九年的义务教育,这九年教育属于基础教育阶段;②凡是以传授基础知识为主要任务的教育都属于基础教育,如高等教育就其性质来说是专业教育,而在低年级时侧重基础课,因此也可以指高等学校的基础教育阶段;③与专业(职业)教育相对而言的教育。

查阅《现代汉语词典》(商务印书馆,2016年10月印刷)的"基础教育"词条,其释文为:"国家规定的对儿童实施的最低限度的教育。"如此说来,几相比照,偏颇之处不言自明,显然这两个定义与当前现实有不符之处。怎么准确地把握其内涵或本质呢?笔者认为有必要将"基础"与"教育"分开来理解。"基础"即事物发展的根本或起点。"教育"即为培养人准备从事社会生活的整个过程。基于此,笔者认为基础教育就是使人社会化的最起码最根本的培养过程。这样既可涵盖保和教的学前教育,也可涵盖使成人基本社会化的补偿性扫盲教育,自然不必说中小学教育了。

二、基本特征

基础教育具有很多特征,在实施基础教育的过程中,以基础教育的基本特征为抓手来开展教育教学工作是最优解。基础教育作为教育的一个重要组成部分,虽兼有其他特征,但只有抓住这个"纲",在实践中才能"纲举目张"。

通过对教育法律法规的分析,对各方信息的筛选,基础教育的基本特征如下。

(一)事业的公益性

《中华人民共和国教育法》第八条规定:"教育活动必须符合国家和社会公共利益。"

第九条规定："中华人民共和国公民有受教育的权利和义务。"第三十七条规定："国家、社会对符合入学条件、家庭经济困难的儿童、少年、青年，提供各种形式的资助。"第五十三条规定："国家建立以财政拨款为主、其他多种渠道筹措教育经费为辅的体制。"从《中华人民共和国教育法》的上述条文来看，公益性本身就是教育的一个基本特征。相较之下，这一特征在基础教育方面体现得更为突出、更为重要。基础教育对于个人素质的塑造具有决定性作用，它不仅影响着一个人在求学期间的生活质量，而且长远来看，它还将对民族素质和未来数十年的竞争能力产生深远的影响。人的基本素质奠定于儿童少年时代，成年后难以提升，一旦成形会影响个人和民族的前途。因此，《国务院关于基础教育改革与发展的决定》指出："基础教育是科教兴国的奠基工程，对提高中华民族素质、培养各级各类人才，促进社会主义现代化建设具有全局性、基础性和先导性作用。保持教育适度超前发展，必须把基础教育摆在优先地位并作为基础设施建设和教育事业发展的重点领域，切实予以保障。"由此可见，基础教育对于社会和国家而言，是实现和确保整体及长远利益的关键所在，因此赋予了基础教育至关重要的职能。这种公益性能否得到维护和保证，是衡量基础教育改革与发展的最重要的标准。

近年来，我国基础教育改革与发展取得了非常显著的成绩。基础教育首先保障公共利益的实现。而在现实生活中，一些做法在一定程度上影响基础教育改革与发展中公共利益方面的政策和目标的落实。如挪用上级财政转移支付资金以冲抵本级财政对基础教育的投入，平调学校学杂费用于教师工资、津贴、福利、基建等开支，出卖出租中小学校和幼儿园甚至在义务教育阶段搞名为示范实为重点的学校。"上有好者，下必有甚焉者矣。"基础教育不单单体现的是国家意志，执行的是国家任务，履行的是社会义务，更代表的是整个社会和公共的要求与利益，决不能任其发展为只满足部分孩子要求的服务，而是要将个人追求与公共利益结合起来，从而彰显基础教育维护公共利益的特征和功能。这是教育现代化建设进程中对基础教育改革与发展的迫切要求。

（二）目标的方向性

2001年，《国务院关于基础教育改革与发展的决定》指出：确立基础教育在社会主义现代化建设中的战略地位，坚持基础教育优先发展。坚持教育必须为社会主义现代化建设服务，为人民服务，必须与生产劳动和社会实践相结合，培养德智体美等全面发展的社会主义事业建设者和接班人。具体来说，"要使学生具有爱国主义、集体主义精神，热爱社会主义，继承和发扬中华民族的优秀传统和革命传统；具有社会主义民主法治意识，遵守国家法律和社会公德；逐步形成正确的世界观、人生观和价值观；具有社会责任感，努力为人民服务；具有初步的创新精神、实践能力、科学和人文素养以及环境意识；具有适应终身学习的基础知识、基本技能和方法；具有健壮的体魄和良好的心理素质，养成健康的审美情趣和生活方式，成为有理想、有道德、有文化、有纪律的一代新人"。可见，这一目标具有方向性，使学生既能做到身体健康和心理健康，又能很好地适应社会生活，体现了时代对每个公民的要求和以学生发展为本的目标取向。

基础教育目标的方向性还体现在不同时期、不同类别、不同地域、不同学段、不同领域、不同课程上。比如德育工作，为了主动适应新形势的要求，针对不同年龄段学生的特点，调整和充实德育内容，改进德育工作的方式方法。"小学从行为习惯养成入手，重点进行社会公德教育，进行爱祖国、爱人民、爱劳动、爱科学、爱社会主义教育，联系实际对学生进行热爱家乡、热爱集体以及社会、生活常识教育。初中加强国情教育、法治教育、纪律教育并提升品格修养。高中阶段注重进行马列主义、毛泽东思想和邓小平理论基本观点教育。对中学生进行正确的世界观、人生观、价值观教育。要对中小学生进行民族团结教育。加强中小学生的心理健康教育。"（引自国发〔2001〕21号《国务院关于基础教育改革与发展的决定》）。又如在农村中学课程改革试行"绿色证书"教育，并与农业科技推广等结合。

党的十八大以来，以习近平同志为核心的党中央明确教育是国之大计、党之大计，召开全国教育大会，出台规划，为加快建设教育强国打下了坚实的基础。党的二十大报告中首次将"实施科教兴国战略"作为一个单独部分进行阐述，充分体现了教育的基础性、战略性地位和作用，并对加快建设教育强国作出全面而系统的部署，为到2035年建成教育强国指明了新的前进方向。"建成世界上规模最大的教育体系""教育普及水平实现历史性跨越"，这是对新时代我们党在"幼有所育、学有所教"上持续推进取得新成就的高度概括。目前，我国教育普及程度总体上稳居全球中上收入国家行列，教育普及水平全方位提高。我国必将在加快建设教育强国的征途上发挥出更大优势，也将为今后科技强国、人才强国及其他强国目标的实现提供重要的支撑，作出更多实质性贡献。

（三）对象的全体性

《中华人民共和国教育法》第九条规定："中华人民共和国公民有受教育的权利和义务。公民不分民族、种族、性别、职业、财产状况、宗教信仰等，依法享有平等的受教育机会。"这说明，作为国民教育起始阶段的基础教育必须面向全体国民，使每一个适龄儿童少年接受一定程度的基础教育。但是，从现实情况来看，这是一个很高的要求。尽管推行素质教育已有很多年，受片面追求升学率的影响，仍然存在围绕升学有望或聪颖伶俐的少数孩子来进行，不少学生处于被冷落的陪读地位的现象。这样的基础教育仍摆脱不了"应试教育"的阴影。美国著名教育家布卢姆曾经指出，教育者的基本态度应是选择适合儿童的教育，而不是选择适合教育的儿童。他批评只为少数可能达到最高层次教育的学生准备阶段的教育是最大的浪费。因此，要实现基础教育的全体性，提高全民族的素质的确是一项刻不容缓的艰巨任务。

基础教育的全体性，要求我们各级政府、社会各界尽职尽责尽义务，特别要求我们教育工作者把面向全体国民和全体学生作为一切工作的着眼点和着力点。以全面提高适龄儿童少年的素质为根本目的，使他们的身心得到全面和谐的发展。这就是说，一方面，我们要牢固地树立普及意识，统筹协调发展基础教育，尊重每一个受教育者的权利和义务，为他们提供受教育的公平机会。随着基础教育结构的调整和改革的深化，各种矛盾相互交织，必须从基础教育发展全局出发，统筹发挥政府管理、社会参与和市场机制在配置资源上的基础性作用。强化政府对义务教育的保障责任，并过渡到免费教育。而对非义务教育可实行政府宏观管理，社会广泛参与，适度引入市场调节机制，自主办学。另一方面，我们又要着力提高教育质量和效益。21世纪基础教育的发展，不仅表现在规模的增长，更体现在质量的提高。没有规模就没有效益，基础教育的发展离不开规模的扩张，但在全面推进普及的情况下，更要强调质量的重要。基础教育的生命力、社会地位最终由内涵决定，内涵的提升与外延的扩张是相辅相成的。当今的基础教育竞争，既是发展速度的竞争，更是发展水平的较量。因此，要努力实现速度和结构、质量、效益相统一，不断增强基础教育发展的可持续性。

（四）制度的规定性

基础教育是国民教育中最重要的一个阶段，它关系着民族素质的提高，创新人才的培养，为有识之士所关注，为当政者所统领。基础教育的制度既包括宏观的从中央到地方的管理体制、管理机构、办学体制、投资体制、学制系统等，又包括学校内部管理体制与机制等。它的发展，世界各国都有一套各自遵守的办事规程和行动准则。我国基础教育的管理体制和运行机制经历了一个逐步完善的过程。从1985年起，就实行地方管理、分级负责的机制，这样既增强了地方政府的责任感，又调动其积极性，方向是正确的。但各级政府如何分工、职权如何划分却不够明晰。如有些地方把基础教育的责任下放，致使教学、管理混乱，经费筹措困难。1992年，正当教育改革进行得热火朝天时，全国二十几个省市却出现了拖欠教师工资的情况，这说明我们的基础教育宏观管理体制和投资体制不健全。为了基础教育向整体改革推进，国家适时推出了《中国教育改革和发展纲要》，以期建立基础教育高效运行机制，从而保障基础教育的健康稳定发展。这说明科学有效的管理体制和运行机制是增强基础教育的外部适应性、竞争力和提高办学效益的基础，也是发展现代基础教育、健全基础教育体系的一种必然要求。由于基础教育涉及面广，与广大人民群众的利益密切相关，为积极有序地推进基础教育工作，国家都是在总结完善试点试行经验的基础上逐步推开的，并且注重加强对推出的各项制度改革进行统筹规划和监督管理，及时研究并解决改革中出现的问题，确保基础教育稳定、协调、可持续发展。进入新世纪，党和国家坚持深化改革，冲破一切妨碍基础教育发展的思想观念，改变一切束缚基础教育发展的做法和规定，革除一切影响基础教育发展的体制弊端，实事求是，与时俱进，逐步完善基础教育管理制度。这种新的基础教育制度的突出表现明确了各级的管理职责。

《国务院关于基础教育改革与发展的决定》规定："基础教育实行在国务院领导下，由地方政府负责、分级管理、以县为主的体制。国家确定义务教育的教学制度、课程设置、课程标准，审定教科书。中央和省级人民政府要通过转移支付，加大对贫困地区和少数民族地区义务教育的扶持力度。省级和地（市）级人民政府要加强教育统筹规划，搞好组织协调，在安排对下级转移支付资金时要保证农村义务教育发展的需要。县级人民政府对本地农村义务教育负有主要责任，要抓好中小学的规划、布局调整、建设和管理，统一发放教职工工资，负责中小学校长、教师的管理，指导学校教育教学工作。乡（镇）人民政府要承担相应的农村义务教育办学责任，根据国家规定筹措教育经费，改善办学条件，提高教师待遇。继续发挥村民自治组织在实施义务教育中的作用。乡（镇）、村都有维护学校的治安和安全、动员适龄儿童入学等责任。"

但由于基础教育涵盖了三个学段，即学前教育、义务教育和普通高中教育，各自性质有所区别，在具体落实上，国家又分别予以了细化，并以制度形式予以了规范。比如《国务院办公厅转发教育部等部门（单位）关于幼儿教育改革与发展指导意见的通知》规定：要坚持实行地方负责，分级管理和有关部门分工负责的幼儿教育管理体制。国家制定有关幼儿教育的法规、方针、政策及发展规划；省级和地（市）级人民政府负责本行政区域幼儿教育工作，统筹制订幼儿教育的发展规划，因地制宜地制定相关政策并组织实施，积极扶持农村及老少边穷地区的幼儿教育工作，促进幼儿教育事业均衡发展；县级人民政府负责本行政区域幼儿教育的规划、布局调整、公办幼儿园的建设和各类幼儿园的管理，负责管理幼儿园园长、教师，指导教育教学工作；城市街道办事处配合有关部门制订本辖区幼儿教育的发展计划，负责宣传科学育儿知识，指导家庭幼儿教育，提供活动场所和设备、设施，筹措经费，组织志愿者开展义务服务；乡（镇）人民政府承担发展农村幼儿教育的责任，负责举办乡（镇）中心幼儿园，筹措经费，改善办园条件；要发挥村民自治组织在发展幼儿教育中的作用，开展多种形式的早期教育和对家庭幼儿教育的指导。各级人民政府都有维护幼儿园的治安、安全和合法权益，动员和组织家长参与早期教育活动，指导家庭幼儿教育的责任。

制度的规定性表现在办学体制的规定上。《中华人民共和国教育法》《中华人民共和国义务教育法》以及《国务院关于基础教育改革与发展的决定》等法规政策就基础教育办学体制改革进行了明确的规定：基础教育以政府办学为主，积极鼓励社会力量办学。义务教育坚持以政府办学为主，社会力量办学为补充；学前教育以政府办园为骨干，积极鼓励社会力量举办幼儿园；普通高中教育在继续发展公办学校的同时，积极鼓励社会力量办学。

对民办学校在招生、教师职务评聘、教研活动、表彰奖励等方面与公办学校一视同仁。政府要对办学成绩显著者予以表彰奖励。社会力量举办的全日制中小学办学所得合法资金，在留足学校发展资金后，可适当安排经费奖励学校举办者。各级教育行政部门要加强对民办中小学、幼儿园教育教学的指导和监督，要认真审核其办学资格和条件，规范其办学行为，保证其全面贯彻党的教育方针。

积极鼓励企业、社会团体和公民个人对基础教育捐赠，捐赠者享受国家有关优惠政策。对纳税人通过非营利的社会团体和国家机关向农村义务教育的捐赠，在应纳税所得额中全额扣除。国家和地方对捐助基础教育有突出贡献的单位和个人予以表彰。

稳妥地搞好国有企业中小学分离工作。制定政策，多渠道筹措资金，落实分离中小学的办学经费，保证企业所属中小学分离工作顺利实施。企业中小学的分离应尊重企业的意愿。统筹安排好编制内具备教师资格的企业中小学教师。转由地方人民政府管理的企业中小学的校园、校舍、设施、设备等，不得挪用、侵占和截留，确保校产不流失。可通过办学体制改革的试验探索企业中小学分离形式。企业要继续办好未分离的中小学。

加强对公办学校办学体制改革试验的领导和管理。公办学校办学体制改革要有利于改造薄弱学校，满足群众的教育需求，扩大优质教育资源。薄弱学校、国有企业所属中小学和政府新建的学校等，在保证国有资产不流失的前提下，可以进行按民办学校机制运行的改革试验。地方人民政府和教育行政部门要加强领导和管理，确保义务教育的实施和办学体制改革试验工作的健康发展。

制度的规定性也表现在人事制度的规定上。《国务院关于基础教育改革发展的决定》强调：建设一支高素质的教师队伍是扎实推进素质教育的关键。完善以现有师范院校为主体、其他高等学校共同参与、培养培训相衔接的开放的教师教育体系。加强师范院校的学科建设，鼓励综合性大学和其他非师范类高等学校举办教育院系或开设获得教师资格的所需课程。支持西部地区师范院校的建设。以有条件的师范大学和综合性大学为依托建设一批开放式教师教育网络学院。推进师范教育结构调整，逐步实现三级师范向二级师范的过渡。有条件的地区要培养具有专科学历的小学教师和本科学历的初中教师，逐步提高高中教师的学历，扩大教育硕士的培养规模和招生范围。制订适应中小学实施素质教育需要的师资培养规格与课程计划，探索新的培养模式，加强教学实践环节，增强师范毕业生的教育教学与终身发展能力。

以转变教育观念，提高职业道德和教育教学水平为重点，紧密结合基础教育课程改革，加强中小学教师继续教育工作，健全教师培训制度，加强培训基地建设。加大信息技术、外语、艺术类和综合类课程师资的培训力度，应用优秀的教学软件，开展多媒体辅助教学。加强中青年教师的培训工作。在教师培训中，要充分利用远程教育的方式，就地就近进行，以节省开支。对贫困地区教师应实行免费培训。

加强骨干教师队伍建设。实施"跨世纪园丁工程"等教师培训计划，培养一大批在教育教学工作中起骨干、示范作用的优秀教师和一批教育名师。在教育对口支援工作中，援助地区的学校要为受援地区的学校培养、培训骨干教师。

加强中小学教师编制管理。中央编制部门要会同教育、财政部门制定科学合理的中小学教职工编制标准。省级人民政府要按照国家有关规定和编制标准，根据本地实际情况，制定本地区的实施办法。各地要核定中小学教职工编制，规范学校内设机构和岗位设置，加强编制管理。对违反编制规定擅自增加教职工人数的，要严肃处理。

大力推进中小学人事制度改革。全面实施教师资格制度，严把教师进口关。优先录用师范院校毕业生到义务教育学校任教。高中教师的补充，在录用师范院校毕业生任教的同时，注意吸收具有教师资格的其他高等学校毕业生。推行教师聘任制，建立"能进能出、能上能下"的教师任用新机制。根据中小学教师的职业特点，实现教师职务聘任和岗位聘任的统一。建立激励机制，健全和完善考核制度，辞退不能履行职责的教师。

调整优化教师队伍。实施教师资格准入制度，严格教师资格条件，坚决辞退不具备教师资格的人员，逐步清退代课人员，精简、压缩中小学非教学人员。政府部门和事业单位不得占用或变相占用中小学教职工编制，清理各类"在编不在岗"人员。

依法完善中小学教师和校长的管理体制。落实《中华人民共和国教师法》规定的中小学教师的管理权限。县级以上教育行政部门依法履行中小学教师的资格认定、招聘录用、职务评聘、培养培训和考核等管理职能。

改革中小学校长的选拔任用和管理制度。高级中学和完全中学校长一般由县级以上教育行政部门提名、考察或参与考察，按干部管理权限任用和聘任；其他中小学校长由县级教育行政部门选拔任用并归口管理。推行中小学校长聘任制，明确校长的任职资格，逐步建立校长公开招聘、竞争上岗的机制。实行校长任期制，可以连聘连任。积极推进校长职级制。

基础教育管理制度的战略性调整，为新时期基础教育事业的持续发展奠定了坚实的思想和政策基础。需要我们把这些规定贯彻到推进基础教育的方方面面的工作中去。从现实的情况来看，关键在各级政府、各级领导干部，特别是教育行政部门和广大教育工作者应紧紧抓住这一战略性调整，进一步增强政治意识、大局意识、责任意识和法治意识，增强贯彻落实它的自觉性和坚定性，增强把握和驾驭基础教育局势的能力，开拓进取，科学、大胆地进行理论和制度的创新，转变职能，正确、有效地处理和协调教育行政部门、社会和学校各方面的关系，以及学校内部领导、教职工和学生的关系。

（五）内容的基础性

基础教育是整个教育大厦的基石，是造就人才和提高国民素质的奠基工程。因此，凸显基础素质在本质上是基础教育的重要特征。我们讲的素质，不是天生的，也不完全是后天形成的，而是先天遗传性与后天习得性的辩证统一，是自然生物性与人类社会性的辩证统一。在人的整体素质形成中，先天的禀赋是前提，后天的影响是条件，基础教育在人的素质发展过程中起着主导作用。虽然素质具有某些稳定性因素，但它可以通过后天影响得以发展和提升，且能通过知识、情感态度、能力等表现出来。基础教育的根本目的就是教育学生成为社会人，它包括做什么人和怎样做人。这是基础教育对象的基本功，也是对他们最基本的要求。对此，我们过去乃至现今仍不够重视。根本原因便是没有提到培养基础素质这样一个出发点和落脚点上。因此，基础教育必须从基础抓起，通过德育、智育、体育、美育、劳动技术教育以及心理健康教育等途径去培养学生的各种因素，并提高其整体素质水平。如良好的思想品德，读、写、算的基础知识和基本技能，健康的体魄，良好的生活与劳动习惯等，为他们成为合格的建设者和接班人创造一个好的开端。

基础教育内容的基础性表现为各项要求都是初步的。如我国第八次基础教育课程改革就明确提出：要"改变课程内容'难、繁、偏、旧'和过于注重书本知识的现状，加强课程内容与学生生活以及现代社会和科技发展的联系，关注学生的学习兴趣和经验，精选终身学习必备的基础知识和技能"。基础教育是打基础的教育，既不是选择性教育，又不是终结性教育。因此，要给学生全面发展留有充分的时间和空间，以有利于学生自主、多样、持续地发展。在此基础上，必须重新确定哪些基础知识和基本技能是学生终身发展必备的，必须重新确定新时期基础知识与基本技能的内涵。但这种初步又是相对的，在不同学段有不同的要求。如新课程改革的课程结构是："小学阶段以综合课程为主。小学低年级开设道德与法治、语文、数学、体育、艺术（或音乐、美术）等课程。初中阶段设置分科与综合相结合的课程，主要包括道德与法治、语文、数学、外语、科学（或物理、化学、生物）、历史与社会（或历史、地理）、体育与健康、艺术（或音乐、美术）以及综合实践活动，而高中以分科课程为主。为使学生在普遍达到基本要求的前提下实现有个性的发展，课程标准应有不同水平的要求。"因此,在现代,我们应重新对"两基"的内涵加以限定,要注入新的内涵,使之符合 21 世纪的需要。这就要求我们的学生能及时了解最新的科技、社会动态;对传统的基础知识要去粗取精、去旧求新,综合最新的概念和原理,加以规范化;还要降低教材的难度,让学生较快地掌握,让学生有更多的时间和精力去学习其他东西;让学生从烦琐知识中解放出来,挤出时间去从事创造性活动。在培养基本能力方面,应加强培养学生继续学习的能力、应变能力、利用信息的能力。

基础教育内容的基础性还表现在这些最基本的初步的要求又是必不可少的。比如"要使学生具有爱国主义、集体主义精神,热爱社会主义,继承和发扬中华民族的优秀传统和革命传统;具有社会主义民主法治意识,遵守国家法律和社会公德""具有健壮的体魄和良好的心理素质"等。具体而言,基础教育内容要围绕打好学生基础素质来厘定:一要有利于为学生身心健康打基础,为他们一生的生活做人着想,使他们的智力、非智力因素及体质各方面得到发展;二要有利于为学生今后进一步学习打好基础;三要有利于为学生就业打好基础,这不仅要有职业教育因素,而且要求从小培养学生的职业意识和竞争意识。但这只是基本素养要求,而不是职业素养或专业素养要求。比如劳技课,主要是培养学生劳动观点、劳动态度、劳动价值观念及最通用的劳动动作技能技巧等。因此,必须摒弃急功近利的做法,不以是否能培养出能工巧匠的标准评判基础教育内容。基础教育的任何短期行为都会贻误国家和个人的发展。

(六)过程的循序性

基础教育的教育教学是严格按照国家规定的课程计划、教学计划、知识的逻辑顺序和学生身心发展规律来进行的,主要是通过师生的积极互动,来促使学生有目的、有计划系统地掌握基础知识,形成基本技能和方法,养成基本的情感态度和价值观的过程。实施基础教育,必须遵守客观规律循序渐进。在时间上,要有先有后,有快有慢,形成素质训练、培养的时序。但是,从现实情况来看,受传统教育的影响,在教育教学中,这一基本特征没有被掌握,从而导致教育教学中教师的"教"变成了冷冰冰的机械灌输,造成我们的教育对象成为装载知识的容器。比如幼儿教育小学化现象,比如中小学不严格执行教学计划随意增减课时的现象,比如加班加点强化训练增加课业负担的现象。为此,经国务院同意,教育部颁发的《基础教育课程改革纲要》针对这方面的问题,明确提出:"幼儿园教育要依据幼儿身心发展的特点和教育规律,坚持保教结合和以游戏为基本活动的原则,与家庭和社区密切配合,培养幼儿良好的行为习惯,保护和启发幼儿的好奇心和求知欲,促进幼儿身心全面和谐发展。义务教育课程标准应适应普及义务教育的要求,让绝大多数学生经过努力都能够达到,体现国家对公民素质的基本要求,着眼于培养学生终身学习的愿望和能力。普通高中课程标准应在坚持使学生普遍达到基本要求的前提下，有一定的层次性和选择性，并开设选修课程，以利于学生获得更多的选择和发展的机会，为培养学生的生存能力、实践能力和创造能力打下良好的基础。"因此，我们的教学要做到由浅入深，由易到难，由近及远，由简到繁，引导学生一步一个脚印扎扎实实打基础，循序渐进地掌握知识和技能。学生知识如果有缺陷，要创造条件，补其不足，使其拾阶而上。

在空间上，要注意排列组合，要有层次性，做到素质训练、培养的有序进行。我们开展的教育教学应有利于引导学生利用已有的知识与经验，主动探索知识的发生与发展，同时也应有利于教师创造性地进行教学。从课程标准的制定来说，"应体现国家对不同阶段的学生在知识与技能、过程与方法、情感态度与价值观等方面的基本要求，规定各门课程的性质、目标、内容框架，提出教学和评价建议"。从教材开发的角度来说，内容选择应体现学生身心发展特点，反映社会、政治、经济、科技的发展要求。内容组织应多样、生动，有利于学生探究，并提出观察、实验、操作、调查、讨论的建议。从教学来说，要严格按照课程标准利用教科书来系统组织教学，不要随便打乱知识的逻辑系统而影响学生掌握知识的完整性。学生的思维是在已有的知识与经验基础上进行的。在教学中，教师要把新旧知识有机地衔接起来，从已知到未知，从现象到本质，从具体到抽象，逐步加深和扩大学生的知识面，并且还要注意各门学科之间的联系。基础教育的实施，只有建立在学生"最近发展区"上，依靠那些正在形成或将要成熟的心理过程，循序渐进，才能促进学生的发展。

第二节 基础教育的现状与发展趋势

一、现状分析

基础教育是国民教育体系的根基，具有重要基础性、先导性作用，事关国家发展和民族未来，对培养堪当民族复兴重任的时代新人具有重要奠基作用。党的二十大报告提出，坚持为党育人、为国育才，培养什么人、怎样培养人、为谁培养人是教育的根本问题。基础教育是帮助学生"扣好人生第一粒扣子"的关键阶段，必须全面贯彻党的教育方针，把立德作为育人的根本，着力培养德智体美劳全面发展的社会主义建设者和接班人。

在党的坚强领导下，伴随着国家教育改革和教育治理体系的不断推进，我国基础教育办学水平和质量不断提高，教育管理规范性日益增强，人民的教育获得感和幸福感进一步提高，基础教育的公平、质量和效益也进一步得到保障和提升。然而，我国基础教育高质量发展过程中也逐渐凸显出一些问题，一定程度上影响了基础教育发展的进程和水平，对我国教育综合改革和提升基础教育治理体系建设带来一定影响。为促进基础教育高质量发展，提升基础教育服务国家和社会经济建设的功能，必须重视和解决我国基础教育高质量发展中的突出问题。

（一）我国基础教育高质量发展进程中存在的问题

随着国家进一步推进教育治理体系和治理能力现代化建设，我国基础教育发展取得了巨大成就，基础教育结构更加合理、质量不断提高、效益产出明显，然而在基础教育向高质量发展的进程中，呈现出以下六个方面的突出问题：

1. 教育焦虑剧增

基础教育阶段是学生接受正规学校教育的初级阶段，也是最容易产生教育焦虑的时段。首先，家长产生了一定教育焦虑。在小学和初中阶段，很多家长就已经提前瞄准了初中的升学考试，让孩子过早地进入题海战术阶段，给孩子额外增加作业量、报各种教育补习班，家长的教育焦虑可见一斑。其次，学生产生了教育焦虑。在家长过度焦虑的情绪和行动影响之下，学生通常会陷入过多的作业负荷、过多的培训之中，过早地陷入教育焦虑之中，严重的甚至产生厌学情绪，难以感受到学习的乐趣，学生的综合素质也很难得到全面提升。最后，教师也产生了一定的教育焦虑。家长在孩子学业的期待和社会的教育竞争意识之下，过度的外在功利性因素也加剧了教师的教育焦虑，教学也受到一定程度的干扰。

2. 教育竞争加剧

首先，教育竞争加剧表现在教育功利性增强，教育竞争越来越激烈，学生陷入繁重学习状态，"双减"政策之下，学校在一定程度上遏制了对学生学业的排名排序，但是受"学而优则仕"的影响，绝大部分学生仍然是竭力应对教育竞争，对考试成绩和名次依然给予过度关注。其次，教育竞争加剧还表现在中考升学竞争异常激烈，家长和学生普遍都想去教学资源好的学校受教育。

3. "五育融合"需进一步推进

首先，促进学生全面发展的认识需要提升。学校、家庭和社会过于关注学生的智育发展，在其他能力的培养方面则偏弱，这与教育的根本目的是有所偏离的，进而影响到了学生的全面发展。其次，促进学生全面发展的"五育融合"的行动比较缓慢。当前，中小学在教育教学中，缺乏对学生全面开展培养活动的制度设计和统一的行动规范，学校管理者、教师对日常教学工作之外的全面育人实践还存在诸多困惑，需要进一步增强学校在学生实践能力和综合素质培养上的力度，大力推进"五育融合"，以促进学生更加全面和充分地发展。

4. 教育资源配置需进一步优化

首先，经济发展的差异性导致教育资源配置不均衡。由于社会经济发展水平的差异性，我国东部、中部和西部地区的经济发展水平差距较大，教育资源配置存在很大差异。其次，城乡之间仍存在较大的教育差距。我国的基础教育投入主要集中于城区，城乡之间的教育差距非常明显。而且，随着新课程改革的不断推进以及基础教育评价改革等政策的实施，许多农村学校在硬件资源不足的同时，还存在优秀教师外流现象，农村学校教师队伍结构性缺编问题仍然明显，难以适应新课改理念的有效落实，校际的发展差距较大，制约基础教育高质量发展和育人模式改革。

5. 教育质量有待全面提升

教育质量是学校发展的决定性因素，当前基础教育在发展进程中仍然表现出质量不高的问题。基础教育学校要实现高质量发展，必须切实在提升教育质量上下功夫。而在教育改革发展的进程中，部分基础教育学校的教学质量不高，已影响到了学校的办学声誉以及生源选择，出现了优质的学校"争着上"，普通学校缺乏吸引力，存着严重的生源不足问题，影响到了学校的办学效益，这与建立高质量的基础教育体系存在较大差距。

6. 科学的教育评价体系有待构建

首先，当前我国基础教育评价仍然过于偏重教育评价的选拔性功能，这种取向一定程度上异化了我国基础教育的目的，不利于促进全体学生的发展，也不利于青少年个体的全面发展与个性发展。其次，教育信息化助推教育评价体系建设的效果不够突出，如何以教育信息化建设、大数据建设推进教育评价体系的建设，仍然是一个亟待解决的重要问题。

（二）解决我国基础教育高质量发展中问题的应对策略

基础教育是我国教育的重要组成部分，涉及广大人民群众的切身利益，要满足人民对美好教育的期盼，必须认真审视和着力解决基础教育高质量发展中存在的问题。

1. 坚持以人民为中心的教育发展观，缓解人民群众的教育焦虑

"人民对美好生活的向往就是我们的奋斗目标。"从教育领域来看，以前国家是要解决人民群众"有学上"的问题，现在则重要的是解决"上好学"的问题。必须着眼于新时代社会主要矛盾转化，切实以人民的利益为重，积极推进基础教育的高质量发展，进而为人民群众创造高品质生活，不断满足人民对美好教育的期盼。

2. 加强教育决策与制度设计，营造基础教育发展的良性氛围

就我国基础教育发展的长远标准和要求来看，必须加强教育决策与制度设计，对基础教育的发展规划做好统筹安排，营造基础教育发展的良性氛围。具体来说，一是要立足教育发展实际，提升教育决策与制度设计的科学性。二是要提升教育管理部门和学校决策者的治理能力。三是要采取多种措施推动基础教育学校教育质量的全面改进。

3. 以学生为本，把立德树人落到实处

教育是一种培养人的社会实践活动，人才培养涉及育人和育才两项任务，教育是二者

有效结合的一种过程。要促进基础教育高质量发展，必须切实贯彻以学生为本，积极推动立德树人工作，具体来说要注重以下三个方面的内容：一是要明确基础教育发展的客观规律，把提升学生的综合素质和能力作为教育活动的出发点。二是要明确立德树人建设对于基础教育学校发展的重要意义。要通过教育来培养社会主义的建设者和接班人，就必须抓住基础教育阶段的关键期，切实加强德育过程，培养学生树立共产主义远大理想和中国特色社会主义共同理想。三是优化学生培养过程，以立德树人推动教育教学改革。基础教育改革积极推进教育教学改革，也有利于培养学生全面发展的各项能力，最终培养出有理想、有道德、有文化、有纪律的"四有"时代新人。

4. 坚持教育公平性原则，优化教育资源配置

教育公平是社会公平的重要基础，坚持基础教育的公益性和普惠性，是中国特色社会主义教育的显著特征。要推动基础教育高质量发展，就必须坚持教育公平。

第一，保障人民依法享有受教育的基本权利。要有效实现这一目标，必须着力健全义务教育优质均衡发展的保障机制，进一步统筹城乡义务教育发展，在落实和推进基础教育学校标准化建设上下功夫，努力让广大人民群众体会到更加均等化的基本公共教育服务。

第二，有效坚持教育公平需要合理配置教育资源。当前要加强基础教育领域有质量的公平，需要抓住关键领域，通过合理配置教育资源进一步缩小城乡和区域教育发展差距，积极推进基础教育层面的奖助体系，建立政府主导、人民广泛参与、社会积极协同的教育资源配置机制，为基础教育的高质量发展提供支撑。

第三，坚持教育制度规则的公平性。具体来说，各级政府和教育管理部门在制定基础教育方针政策时，要通过一定的科学化的规则程序，征求更为广泛的社会意见，还必须全面推进依法治校和依法治教的进程，坚持用科学的规程维护教育公平，积极推进教育信息化建设，努力办好人民满意的基础教育，进一步提升基础教育发展的质量和效益。

5. 切实提高学校教育质量，满足人民群众的教育需求

首先，从政府层面要从办学质量和效益出发，积极制定相关的制度措施，提供与基础教育发展相配套的现代化教育资源，积极推动学校创造良好办学效益。政府部门要贯彻质量意识，深刻认识到教育质量是学校的立校之本，在推动办学治校上要体现以质量为本。

其次，从学校层面要加强教育管理效率。具体来说，其一是加强学校的教育质量意识。其二是要采取相应的提质措施。学校教育质量的提高是一个长期的过程，需要学校加强一定的制度设计，制订好长期、中期和短期提质规划，进而有步骤、有目的、有方法地提升教育教学质量。其三是要强化课堂主阵地作用，切实提高学校课堂教学质量，通过教学质量的改进促进学生在轻松愉悦的课堂氛围中取得进步。

再次，要采取措施提升学校的治理现代化水平。学校发展需要科学的理念和制度文化，因此要促进全体教职工和学生参与学校办学治校过程，以优化学校的管理效能。

最后，还要注重提升学校的办学活力和办学特色。只有积极提升学校的办学活力，促进学校科学发展，让学校回归育人之道，切实提高学校的办学水平和育人水平，才能推进基础教育学校的高质量发展，满足人民群众的教育需求。

6. 创新基础教育评价方式，倡导多元评价

党和国家提出要深化新时代教育评价改革，这对于促进教育良性发展、提高教育质量具有重要的指导意义。在基础教育评价方面，要注重教育评价方式的创新，倡导多元评价。具体来说，一是要坚持发展性评价理念，加强政府对基础教育学校的合理监督与评价制度。政府应该遵循教育发展的基本规律，按照教育评价改革的新形势与新要求，坚持科学发展和正确的质量观，进而设计科学合理的评价体系。二是要在教育评价方式的设计上考虑结果的运用。基础教育评价的最终导向还是要考虑其对教育改进和学校改进的作用。三是要加强多元评价。基础教育的评价主体应该多元化，既包括政府和教育管理部门，也应该包括学校管理者、教职工、学生和家长等主体。

二、发展趋势

从国际、国内基础教育改革与发展的大背景分析，构建基础教育体系是当前基础教育体系重建与发展所面临的主要现实问题中的一项基础性工作。

（一）世界发展基本趋势

1. 基础教育由基本普及过渡到全面普及

随着世界经济和社会进步越来越依靠知识、技术技能，人力资源将成为国家在全球市场生存中的决定因素。在这种新的社会历史条件下，使所有儿童包括处境不利群体儿童的基本学习需要真正得到满足，是世界各国旨在缩小差别、促进社会全面进步的一个必要策略。即使是那些基础教育已经接近完全普及的工业化国家，也有功能文盲的存在，仍然说明这些功能文盲受到的基础教育是不充分和不完整的。教育以促进人的发展为核心，基础教育是使人有能力掌握自身命运的教育基础，是人人走向未来生活的"独木桥"。

2. 基础教育的改革趋向于教育质量和效益

在新世纪里，世界各国更加重视那些有利于提高基础教育质量和效益的改革。当今世界教育改革的共同趋势是追求卓越，提升效率，注重公平，即追求高质量、高效率、公平化的教育，重视学校层面的变革和改造。美国前总统布什在《2000年的美国》报告中曾提出："为了我们的国家和子孙的未来，我们必须改造美国的学校。"卡内基"教育作为一个专门职业"特别工作组于 1986 年 5 月发布题为《国家为培养 21 世纪的教师作准备》的报告。这个报告呼吁"要赋予教师新的权力,委以新的责任,面向未来,重建学校"。因此,在全美兴起规模宏大的学校重建运动（school restructuring movement）,掀起重建学校的浪潮。美联公司还专门成立新型学校创建协会（NASDC）,其任务是："支持设计与创造新型的高效率的学习环境,以便全国各个社区都可以用来为美国下一代儿童改革他们的学校。"1997 年,克林顿总统在国情咨文中提出教育改革的三大目标和十大举措,计划在全美创立 3000 所合同制学校,即特许学校。克林顿在 1999 年的国情咨文中又论述了公立学校的改造问题。英国、澳大利亚、加拿大、新加坡等国也相继制定学校改革的措施。如改革学校考试制度、鼓励学校之间的竞争、公布学校排名等。澳大利亚从 1992 年起,实施以"完成学业、接触社会为目标"的学校改革计划,这个计划被称为"未来学校计划",中小学普遍提出了所谓"学校重焕青春"的口号。他们认为,学校究竟在多大程度上能够改进学生的学习成果,如何把改革的重点放在效率和效益上,更有效地培养人才,这是今天和未来的学校面临的一种挑战。维多利亚州实施"未来学校计划",要求校长每年做一次年度规划,由州教育部进行评估,评估内容有学校形象、教学领导、学校管理、教育环境、人际关系、改进工作等方面。新加坡政府强调："提供卓越的教育是我们的宗旨,政府的目标是要提高新加坡所有学校的水平。"我国香港实施优质学校教育计划,构建优质教育文化,建立"有效能的学校",使学生在"德、智、体、群、美"诸方面都获得良好发展。优质学校教育计划的培养目标是使学生一生能不断自学、思考、探索、创新和应变;有充分的自信、合群的精神;愿意为社会的繁荣、进步、自由和民主不断努力,为国家和世界的前途作出贡献。由此可见,当今世界教育改革既向宏观层面拓宽,又向微观层面深化,改革学校教育,提高教育质量,已经成为世界教育改革共同的趋势。

3. 基础教育的基础地位进一步得到强化

当前,随着知识和信息日益渗透人们日常生活的各个方面,终身学习已从理想变为现实,世界各国因发展阶段不同正在以不同的脚步迈向学习型社会,学习已成为关系未来进步的重要因素。作为满足终身学习的基础教育,由此又有了新的蕴意和使命,来自国际 21 世纪教育委员会的观点认为:良好的基础教育是开始终身学习的关键。这种教育应该覆盖儿童认知和情感两方面的发展,应该保证所有青少年掌握坚实的基础知识和技能,同时使他们养成学习新知识的态度和能力——学会学习。

国外基础教育发展的共同趋势应成为我国基础教育改革可借鉴的重要经验和依据。

（二）我国发展基本趋势

我们不能忽视的一个事实是,世界范围内基础教育在一定程度上的趋同性并未掩盖中国基础教育在知识传统、制度结构、管理模式上的特色。进入新世纪，作为发展中国家，一方面，必须考虑如何继续有效地控制人口增长，治理生态环境，缩小城乡、沿海与内地及边远地区的经济文化差别，提高民族整体素质；另一方面，随着经济的全球化和一体化，信息技术的飞速发展以及科技知识与成果日益深入人们的日常生产和生活，知识经济日益在经济活动中占有主导地位，对我国的人才素质和人才储备提出了严峻的考验，它直接关系到我国在未来世界经济竞争、国际地位影响以及综合国力较量中的表现。在压力、挑战和机遇面前，作为人才培养基础的我国基础教育必须受到高度重视并使之切实具有担负历史重任的能力和实力，使当前基础教育发展既符合中国国情，又具有国际的普遍性。

1. 基础教育既大力普及又着力提高

我国基础教育普及的覆盖面大，只有在大力普及的同时，又注重教育质量的提高，努力做到"进得来、留得住、学得好、用得上"，才能使基础教育真正"一切为了学生，为了一切学生，为了学生的一切"，使每一个学生适应未来社会，特别是对于广大农村地区的学生，高质量的基础教育不仅能够影响学生个人、家庭、所在社区，还将对其后代，甚至未来一代人的素质产生深远影响。"坚持教育必须为社会主义现代化建设服务，为人民服务"的教育方针，就要求我们的基础教育要以提高国民素质、满足广大人民群众不断增长的教育需求为宗旨。当前，落实这一"两为"方针，就是"巩固成果、深化改革、提高质量，持续发展，办好让人民满意的教育"。"为建立全民学习、终身学习的学习型社会奠定基础""把巨大的人口压力转化为丰富的人力资源优势"（《2003—2007年教育振兴行动计划》）。

2. 由典型引路走向均衡发展

考虑到我国地域广阔、地区之间社会经济发展与需求不平衡，基础教育发展差异的存在是不可避免的，甚至在一定时期内有所扩大也是难免的，而且一定程度上的差异并不完全是消极的。但是，区域间教育发展差异毕竟是区域间教育地位乃至社会地位上的一种不平等，这不是国家所希望出现的结果，也不是全体国民所希望出现的结果。如果过度不均衡，这是欠发达地区的干群难以接受的，容易导致"贫穷的恶性循环"，甚至会引起不安定因素，而且对整个国民教育和经济的发展、国家的现代化乃至国家的安全和统一，都是不利的。所以，国家采取强制力来推动基础教育的均衡发展。例如，实行转移支付制度，实施国家西部地区"两基"攻坚计划。又如，加强基础教育领域内教育信息化水平，探索利用现代远程教育手段把优良的教育资源、优秀教师的经验传播到广大农村地区和边远山区，实现资源共享，以此作为提高农村地区师资乃至整个基础教育质量的一个手段。这种均衡既包括显性的办学条件，也包括隐性的教育观念、教师素质、科研能力、管理水平、教学效率等。

第三节　基础教育的意义和目标

习近平总书记在党的二十大报告中首次将"实施科教兴国战略，强化现代化建设人才支撑"作为一个单独部分，充分体现了教育的基础性、战略性地位和作用，为到 2035 年建成教育强国指明了新的前进方向。

一、新时代加快建设教育强国的重大战略意义

党的十八大以来，以习近平同志为核心的党中央对新时代党和国家事业发展作出科学完整的战略部署，作出"建设教育强国是中华民族伟大复兴的基础工程"的重大论断和决策，坚持教育在社会主义现代化建设中的优先发展地位，党的二十大报告再次强调教育强国建设并提出新的更高要求，意义重大而深远。

（一）加快建设教育强国，是全面建设社会主义现代化国家的必然要求

改革开放以来特别是党的十八大以来的实践表明，全面建设社会主义现代化国家，科技是关键，人才是基础，教育是根本。以习近平同志为核心的党中央在统筹推进"五位一体"总体布局、协调推进"四个全面"战略布局的进程中，始终高度重视对教育、科技、人才事业发展的战略引领。党的二十大报告明确提出："教育、科技、人才是全面建设社会主义现代化国家的基础性、战略性支撑。必须坚持科技是第一生产力、人才是第一资源、创新是第一动力，深入实施科教兴国战略、人才强国战略、创新驱动发展战略，开辟发展新领域新赛道，不断塑造发展新动能新优势"，对"坚持教育优先发展、科技自立自强、人才引领驱动，加快建设教育强国、科技强国、人才强国"进行整体谋划，并将"建成教育强国、科技强国、人才强国"纳入 2035 年我国发展的总体目标。这一承前启后、继往开来的重大部署，充分体现了马克思主义中国化时代化的探索与创新，对于我们党领导人民共同应对百年变局，齐心协力战胜前进路上风险困难，充分彰显和发挥教育的基础性、先导性、全局性地位和作用，坚定不移向着实现第二个百年奋斗目标和中华民族伟大复兴中国梦奋勇前进，具有非常重要的战略指导意义。

（二）加快建设教育强国，是顺应广大人民群众对更好教育期盼的重要途径

中国共产党自成立以来，始终把为中国人民谋幸福、为中华民族谋复兴作为自己的初心使命，团结带领全国各族人民披荆斩棘、砥砺前行，中华民族迎来了从站起来、富起来到强起来的伟大飞跃。党的十八大以来，中国特色社会主义进入新时代，习近平总书记深刻指出："中国将坚定实施科教兴国战略，始终把教育摆在优先发展的战略位置，不断扩

大投入，努力发展全民教育、终身教育，建设学习型社会，努力让每个孩子享有受教育的机会，努力让 13 亿人民享有更好更公平的教育，获得发展自身、奉献社会、造福人民的能力。"并强调"加快推进教育现代化、建设教育强国、办好人民满意的教育，努力培养担当民族复兴大任的时代新人，培养德智体美劳全面发展的社会主义建设者和接班人"。总书记的重要论述，是党和国家教育决策的重要遵循，集中体现了坚持人民至上、把实现人民对美好生活向往作为奋斗目标的重要理念。我们党坚持以人民为中心的发展思想，维护人民根本利益，不断增进民生福祉，努力办好人民满意的教育，中国特色社会主义教育制度体系的主体框架基本确立，教育面貌正在发生格局性变化，人民群众对教育改革发展的获得感持续增强。踏上实现第二个百年奋斗目标新的赶考之路，党的二十大报告突出强调加快建设教育强国，进一步彰显了中国特色社会主义教育制度的优越性，必将有力解决教育发展不平衡不充分的问题，使教育同人民群众期待更加契合，在更高水平上满足人民群众对教育的需求。

二、新时代加快建设教育强国的坚实基础

教育是民族振兴、社会进步的重要基石，是功在当代、利在千秋的德政工程。新中国成立以来特别是改革开放以来，党和人民教育事业取得了举世瞩目的辉煌成就。党的十八大以来，以习近平同志为核心的党中央明确教育是国之大计、党之大计，召开全国教育大会，出台规划，推动教育事业取得历史性成就、发生历史性变革，为加快建设教育强国打下了坚实的基础。

（一）教育普及水平全方位提高

党的二十大报告指出，10 年来，"建成世界上规模最大的教育体系""教育普及水平实现历史性跨越"，这是对新时代我们党在"幼有所育、学有所教"上持续推进取得新成就的高度概括。2021 年，我国九年义务教育巩固率达到 95.4%，学前教育毛入园率和高中阶段教育毛入学率分别达到 88.1%、91.4%，高等教育毛入学率达到 57.8%。目前，我国教育普及程度总体上稳居全球中上收入国家行列，其中，义务教育和学前教育的普及程度达到高收入国家平均水平，高等教育进入国际社会公认的普及化阶段，劳动年龄人口的平均受教育年限达 10.9 年，每年全国高等学校和职业院校输送数以千万计毕业生，继续教育为各行各业培训上亿人次，为如期全面建成小康社会提供了重要人才支撑，拓展了加快建设教育强国之路。

（二）教育事业中国特色更加鲜明

中华民族是伟大的民族，创造了绵延 5000 多年的灿烂文明，尊师重傅、倡教兴学的

优良传统深深融入世代传承的文化血脉之中,为源远流长的中华文明注入了持久的磅礴动力。在中国共产党领导人民成功走出中国式现代化道路、创造人类文明新形态的进程中,我国教育现代化越来越焕发出蓬勃生机,教育强国建设更加呈现鲜明的中国特色。党的十八大以来,以习近平同志为核心的党中央提出"德智体美劳"的总体要求,创造性地发展了党的教育方针,坚定社会主义办学方向,健全立德树人落实机制,扎根中国大地办教育,广大师生展现出昂扬向上的精神风貌和听党话跟党走的坚定决心,中国特色社会主义教育发展道路越走越宽广。党全面加强对教育工作的领导,深化教育领域综合改革、提高教育治理能力迈上新台阶,在发展素质教育、弘扬社会主义核心价值观、改革考试招生制度、提高基础教育质量、增强职业技术教育适应性、建设世界一流大学和一流学科、提升教师能力素质等方面取得新进展,推动国民思想道德素质、科学文化素质和身心健康素质进一步提高,为建设中国特色、世界水平的教育强国做好了充分准备,为全球教育贡献了中国智慧和中国方案,助力构建人类命运共同体。

(三)教育发展实力和服务能力迅速增强

随着新时代科教兴国战略、人才强国战略深入实施,教育优先发展地位有效落实,国家财政性教育经费投入占国内生产总值比例连续保持在4%以上,教育成为财政一般公共预算第一大支出,一批重大教育工程顺利实施,极大改善了办学条件,学生资助政策体系实现全覆盖并日益健全,教育系统全力支持打赢脱贫攻坚战。在全国基础研究和重大科研任务、国家重点实验室建设、国家级三大科技奖励项目中,高校参与比重和贡献份额均超过60%,80%以上的国家自然科学基金项目和90%以上的国家社会科学基金项目由高校承担,高校积极参与破解大批关键核心技术"卡脖子"问题,成为国家自主创新生力军。当前,更全方位、更多层次、更宽领域、更加主动的教育国际交流与合作新格局正加快形成,我国与188个国家和地区、40多个重要国际组织建立教育合作交流关系,教育国际影响力持续提升。10年来,一大批基层改革创新的经验做法不断涌现,一些长期制约教育事业发展的体制机制障碍得到破解,教育生态持续向好,引领教风学风持续改善,赢得人民群众的更多理解和支持,全社会尊师重教氛围更加浓厚。教育系统自身实力的持续增强、服务经济社会发展能力的不断提升,必将在加快建设教育强国的征途上发挥出更大优势,也将为今后科技强国、人才强国及其他强国目标的实现提供重要的支撑、作出更多实质性贡献。

三、新时代加快建设教育强国的总体方向和重点任务

纵观新时代我国教育事业取得的历史性成就、发生的历史性变革,其原因归根结底在

于以习近平同志为核心的党中央的统筹谋划,在于习近平新时代中国特色社会主义思想的科学指引,在于社会各界的大力支持和共同努力,在于广大教育工作者一心向党、奋进拼搏。党的二十大报告向全党全社会发出新的动员令,对"分两步走"全面建成社会主义现代化强国的远景目标作出新的擘画,对全面建设社会主义现代化国家开局起步关键时期的未来 5 年目标任务和重要举措进行新的部署,着眼实施科教兴国战略、强化现代化建设人才支撑,立足办好人民满意教育的大局,对加快建设教育强国的总体方向和重点任务提出新的更高要求。

(一)全面贯彻党的教育方针,把坚持为党育人、为国育才落到实处

习近平总书记在党的二十大报告中强调:"培养什么人、怎样培养人、为谁培养人是教育的根本问题。育人的根本在于立德。全面贯彻党的教育方针,落实立德树人根本任务,培养德智体美劳全面发展的社会主义建设者和接班人。"总书记这些重要论述,立足基本国情,遵循教育规律,是马克思主义中国化在教育领域的最新发展,作为党的二十大报告的新部署新要求,具有统领性、引领性的重要意义。教育系统在贯彻落实过程中,必须深刻领悟"两个确立"的决定性意义,增强"四个意识"、坚定"四个自信"、做到"两个维护",持续完善党对教育工作的全面领导、德智体美劳全面发展、全员育人全过程育人全方位育人体制机制。坚持用习近平新时代中国特色社会主义思想铸魂育人,推进大中小学思想政治教育一体化建设,将社会主义核心价值观融入教育全过程,着力培养担当民族复兴大任的时代新人。

(二)坚持以人民为中心发展教育,加快建设高质量教育体系,发展素质教育,促进教育公平

锚定 2035 年基本公共服务实现均等化的宏伟目标,必须坚持教育公益性原则,把教育公平作为国家基本教育政策,形成政府主导、覆盖城乡、可持续的基本公共教育服务体系,依法保障财政性教育经费拨付使用到位,优化区域教育资源配置,不断缩小城乡、区域、校际、群体间教育差距。重点是加快义务教育优质均衡发展和城乡一体化,强化学前教育、特殊教育普惠发展,坚持高中阶段学校多样化发展,完善覆盖全学段学生资助体系,开创基础教育高质量发展新局面,为逐步实现全体人民共同富裕打下更好基础。

(三)教育强国、科技强国、人才强国建设相互支持配合,共同聚焦贯彻新发展理念、构建新发展格局

全面提高人才自主培养质量,着力造就拔尖创新人才,聚天下英才而用之,是教育、科技、人才强国建设协调推进的共同任务。围绕人力资源深度开发和创新驱动发展,加快建设世界重要人才中心和创新高地,重点是统筹职业教育、高等教育、继续教育协同创新,推进职普融通、产教融合、科教融汇，优化职业教育类型定位。坚持高等教育内涵式发展，加强基础学科、新兴学科、交叉学科建设，加快建设中国特色、世界一流的大学和优势学科。优化国家科研机构、高水平研究型大学、科技领军企业定位和布局，加强企业主导的产学研深度融合，尽快形成与国家发展战略、生产力布局和城镇化要求相适应的多层次、多样化教育发展新高地，更好地服务和融入新发展格局。

（四）深化教育领域综合改革，增强教育改革的系统性、整体性、协同性，为教育强国建设激活力、增动力

建设教育强国，必须继续破解深层次体制机制障碍，不断把制度优势更好转化为治理效能。重点是加强教材建设和管理，全面落实教材建设的国家事权，完善学校管理和教育评价体系，健全学校家庭社会育人机制，更加重视儿童青少年的体育、美育、劳动教育、心理健康教育。加强师德师风建设，培养高素质教师队伍，不断提高广大教师的思想政治素质和业务水平，把乡村教师队伍建设摆在重要位置，弘扬尊师重教社会风尚。全面推进依法治教、依法治校、依法办学，引导规范民办教育发展。加大国家通用语言文字推广力度，深入开展铸牢中华民族共同体意识教育。

（五）推进教育数字化，建设全民终身学习的学习型社会、学习型大国

根据党的二十大报告关于加快建设数字中国的系列部署，教育系统将积极深入实施教育数字化战略行动，将国家智慧教育平台打造成教育领域重要的公共服务产品，不断推动教育变革和创新，构建网络化、数字化、个性化、终身化的教育体系，加强部门地区政策协调，促进学校社会资源共享，形成方式更加灵活、资源更加丰富、学习更加便捷的全民终身学习推进机制，扎根中国大地，建设人人皆学、处处能学、时时可学的学习型社会、学习型大国，奋力谱写新时代教育强国建设的新篇章。

第四节　基础教育的培养目标

《义务教育课程方案和课程标准》主要完善了培养目标、优化了课程设置、细化了实施要求，新标准具体有五点变化：一是强化了课程育人导向，二是优化了课程内容结构，三是研制了学业质量标准，四是增强了指导性，五是加强了学段衔接。

一、核心素养

新课标以核心素养为导向。这标志着课堂教学从关注学科知能到关注育人的根本性转变。核心素养指学生应具备的，能够适应终身发展和社会发展需要的正确价值观念、必备品格与关键能力。关键能力，即具备了做事和解决问题的本事；必备品格，即有做事和解决问题的意志品质；正确价值观，即形成正确做事和解决问题的情感、态度与价值观。核心素养是终极目标，不是某一学科、某一学段能够实现的。由于每门学科核心素养的内涵描述不同，所以需要制定不同学段的学业质量标准。如语文课程的核心素养体现在文化自信、语言运用、思维能力和审美创造等四个方面，而数学学科的核心素养是"会用数学的眼光观察现实世界，会用数学的思维思考现实世界，会用数学的语言来表达现实世界"等三个方面，但所有学科最终都指向"核心素养、健全人格、全面发展、终身发展"的育人导向。

二、两大路径

落实以核心素养导向的课程目标，一要加强课程综合，注重关联；二要变革育人方式，突出实践。简言之，核心素养落地有两条途径：一是综合育人。综合育人需要整体理解与把握课程目标，注重知识学习与价值教育的有机融合，发挥教学活动的育人功能。综合育人，最重要的是跨学科主题学习。跨学科主题学习课时占比仅10%，主要还是以学科内部整合后的综合性学习为主。教师要积极探索大单元、主题化、项目式等综合性教学活动，促进学生举一反三、融会贯通，加强知识间的内在关联，促进知识结构化等综合育人路径。二是实践育人。新课标提出学科实践，强调"做中学""用中学""创中学"，引导学生发现问题、解决问题、建构知识、运用知识，增强学生认识真实世界、解决真实问题的能力。这给教师们指明了课堂教学改革的方向，即以听讲、记忆、练习、考试为主的学习形态，应转向知行合一，加强知识与学生经验、现实生活、社会实践之间的联系，在真实丰富的情境中学会学习、学会创造。

三、"三有"目标

新课标的育人目标是培养有理想、有本领、有担当的时代新人。党的十九大提出："青年一代有理想、有本领、有担当，国家就有前途，民族就有希望。"《礼记·大学》中有"修身、齐家、治国、平天下"，而今天提倡"有理想（正确的价值观）、有本领（关键能力）、有担当（必备品格）"，厚植爱国情怀、加强品德修养、增长知识见识、培养奋斗精神，进一步明确了"培养什么人、怎样培养人、为谁培养人"立德树人的根本任务。这既体现了"为党育人、为国育才"的基本要求，也体现了培养"初步具有国际视野和人类命运共同体意识"人才的国家战略。

四、四大突破

一是课程目标素养化。核心素养是今后课程目标、教学目标、学习目标、单元目标和课时目标的基本追求。这标志着教学目标从"双基目标""三维目标"发展到了"素养目标"。课程目标的素养导向，有利于转变将知能获得等同于学生发展的目标取向，引领教学实践及教学评价从核心素养视角来审视学生的全面发展。

二是课程内容结构化。2022版新课标以核心素养为导向，注重与学生经验、社会生活的关联，加强课程内容的内在联系，突出课程内容结构化，探索主题、项目、任务等内容组织方式。这反映了当前教改"从零散走向整合，从浅表走向深度，从去生活化知识学习走向运用知识解决真实问题"的发展方向。

三是学科学习实践化。如何把"知识转化为素养"？新课标的答案是"实践育人"，并提出"学科实践"。学科实践是一个具有包容性和概括性的概念，包括学科探究、学科活动、做中学、具身认知等。任何基于实践、通过实践的学科学习，都是学科实践的表现。实践就其本义而言是相通的，它是一种物质的、客观的、感性的活动。从教育的角度说，它是一种以"身体参与和亲身经历"为表现形式、以"体验和感悟"为内在特征的学习活动。

四是学业质量标准化。学业质量标准依据学习内容的不同层次，综合评定学生面对真实情境，在完成相应的学习任务过程中所表现出的解决问题的正确价值观、必备品格和关键能力，由此体现核心素养的发展水平和课程目标的实现程度。

五、五项策略

一是教学评一体化，义务教育新课标提出"学业质量标准"，大力倡导"教学评一体化"。二是大单元教学设计，单元即整体中自为一体或自成系统的独立成分，不可再分，否则就改变了事物的性质。教材单元是由若干知识组成的集合，通过课堂教学组织完成。三是结构化思维教学，新课标提倡"课程内容结构化"，"结构"即各个组成部分的搭配和排列，"结构化"本身是一个动词，是指"使一个事物由混沌、散乱和无序状态转变为某种结构形态的动态过程"。"结构化思维"是一种从无序到有序的思考过程，不是指某种单一固化的思维模型（思维方式），而是将各个思考部分系统有序地搭配或者排列组合，用结构化的思维对单元学习进行结构化的设计和结构化的组织有着积极优化的意义。四是跨学科主题学习与项目化学习，跨学科主题学习的重点不在于跨学科，而在于把真实的问题引进课堂，通过有意思、有意义、有可能的学习任务，让学生面对真实问题的挑战，经历问题解决的过程。五是作业与命题设计改革，新课标倡导"精而深"的课程观，作业改进是落实"双减"政策的必然要求，基于"双减+新课标"背景，聚焦核心素养，关联真实情境，强化知识应用，探索多种类型的作业设计。根据学生学习需要和能力基础，精准把握"已做、新做、未来做"的作业梯度和作业难易程度，合理确定作业数量，丰富作业类型，提高作业设计品质。

第五节　怎样做好基础教育

一、推进自身建设

这包括教育行政工作者、学校校长和教师自身素质建设。因为，基础教育的一切工作都要通过教育工作者来实现。基础教育之所以在某些地方某个方面"民意"不佳，是因为其工作者或缺乏自觉性、坚定性，或自身素质不适应，工作处于被动应付状态，甚或有问题导致不良影响。教育行政部门作为代表政府管理教育的职能部门，工作能否使人民群众满意，关键要靠基础教育工作者来实践。对每一个基础教育工作者来说，为人师表就要求我们每一个教育工作者都应该是学习的楷模。要缺什么补什么，需要什么学习什么，以增强把握和驾驭基础教育工作局势的能力，即"内强素质、外树形象"。比如为决策作参谋，就要有对社会现实问题的敏锐关注，才能为基础教育政策的制定、实施和改进提供有价值的建议，才能解决现实问题、产生社会效益，才能起到认识世界、传播文明、创新理论、资政育人和服务社会的作用。但是，提高管理水平，又不能仅仅限于提高干部内在素质这一个方面。基础教育管理水平既指基础教育工作者的个体水平，更指基础教育机构的整体水平。而整体水平如何，很大程度上取决于体制和机制，尤其是决策机制、监督机制以及用人机制等。应通过客观、公正、科学的评估、管理引导、资助等方式，促进优良教学资源的丰富和发展，限制不良教学资源的滋生和蔓延，以期建立良好的学习型组织的运作规范和行为规范，逐渐净化学习型组织的风气，以赢得全社会的认同和支持。从这个意义上来说，加强自身建设既要注重建立在广大基础教育工作者高度自觉基础上的自律，更要注重建立在严格制度约束基础上的他律。基础教育的自身建设、管理水平的提高重在制度化、规范化和程序化。

基础教育是最清苦、生活最简朴的行业。正因为社会历来是这么认为的，所以基础教育工作者自以为工作没尽头，相当一部分人很容易淡化忧患意识，忽视制度建设。而基础教育全局性、基础性、先导性地位的确立，又容易使一些同志滋生优越感，对工作忘乎所以。还有些同志一看到困难和问题，就心生疑虑和担心。当前，基础教育的改革与发展正处于一个关键的发展时期。面对机遇，我们必须切实加强自身建设，尤其是要提高管理水平。在党和国家这么重视基础教育的情况下，我们每一个教育工作者应该而且必须有强烈的使命感，必须有为。对广大基础教育工作者来说，首先必须保持清醒头脑，同心同德，把思想和行动统一到中央的重要判断和重大决策上来，统一到党和国家的重大部署上来，推进教育改革创新，抓紧抓好基础教育工作中的关键问题，为加快推进社会主义现代化建设作出应有的贡献,是新时期广大教育工作者首先是基础教育工作者肩负的重要历史使命。加强自身建设,是我们广大基础教育工作者充分利用所面临的难得机遇、正确应对所面临的严峻挑战、从而完成所担负的历史使命的现实需要。加强自身建设,不仅要求以与时俱进的态度对待基础教育事业,对待发展变化着的现实,而且要求我们建立适应时代需要和为未来社会培养人的理念,着眼长远,抓住重点,整体推进,不断研究新情况、解决新问题。不断改进和完善管理制度、管理方式以及一系列的运作机制,增长新本领,以此推动新的实践,不辱使命,使基础教育的地位真正落实。

二、推进制度建设

这里仅指内部管理制度。为了减少乃至杜绝负面效应,就必须建立健全制度。因为制度具有根本性、全局性、稳定性和长期性。基础教育的依法治教、依法治校、依法施教,就要使这种制度和法律不因领导人的改变而改变,不因领导人看法和注意力的改变而改变。这是建立和完善基础教育体制和体系的迫切需要,也是解决当前基础教育改革和发展中存在的种种困难和问题的必然选择。围绕基础教育管理制度的建立健全,主要应抓好以下几个方面的工作。

一是加强职业道德制度建设,增强全社会的信任感。基础教育是一项面向基层面向未成年人的关系千家万户的神圣工作,它需要我们的教育部门、每一个教育工作者必须具有一种毛主席所提倡的"赶考"精神,具有良好的职业道德,具有强烈的责任意识,特别是我们的教育管理工作者,心中要真正装着基础教育,明白自己身上肩负着成百上千甚至上百万未成年人健康成长的责任。因此,首先要建立健全教育岗位责任制、奖惩制度,以促使每个教育工作者在岗一天,就要尽心尽职负责一天。不负责任,对不起党对不起百姓更对不起自己做人的良心。如果我们认认真真尽了心、负了责,即使出现了一些问题,也会得到群众的提醒,及时发现问题,并将问题解决在萌芽状态,在尽心尽力为基础教育着想的同时,才能真正为人民为国家把好关、守好土、尽好责。

二是建立健全基础教育事业管理制度,以确保每一个受教育者享受机会和过程的教育均等,为赢得社会信任奠定基础。我们要以与时俱进的精神,根据实践的要求,加强对现有制度的审查、修改和清理。任何有悖于教育发展规律,不符合改革的精神、违背上位法规定的规章、文件,都要及时进行修改或废止,为基础教育营造良好的制度环境。这有利于社会对基础教育的关心、理解与支持。我国目前教材管理制度还不够完善,要完善中小学教材管理制度,立项核准要充分论证,以提高教材编写质量和水平。要把与教材相配套的教师用书纳入审查范围。通过制度约束编写人员、出版单位、审查专家、用户及相关管理部门。要健全中小学教材的编写、出版、审查、选用都有规可依。要完善与教材配套的相关教学资源的开发、评价和审定。继续采取措施，推广使用经济适用型教材，降低中小学教材价格。探索实施中小学教科书循环使用的办法。各级教育行政部门和学校要坚决纠正目前中小学教辅材料过多、过滥的状况，切实减轻中小学生过重的课业负担和家长的经济负担。中小学校不得组织学生购买国家和省定中小学教材书目以外一切形式的教材、教辅材料和刊物。从而使不正当行为更容易受到监督，做到开放透明、廉洁公正、取信于社会，提高基础教育机构的公信力。

三、推进运行机制建设

营造基础教育的发展环境，要着眼于建立健全运行机制。对基础教育工作者来说，其职能作用的有效发挥，运作有序，归根结底取决于运行机制是否合理、完善。以往基础教育领域所发生的种种问题，尽管与人的主观因素不无关联，但更为根本的是与运行机制特别是管理机制的缺陷有关。为了推进基础教育运行机制建设，我们需要着力从以下几个环节下功夫。

一是完善计划管理的规则和程序，通过多种渠道和形式广泛集中民智，使管理真正建立在科学、民主的基础之上。教育管理就是国家为贯彻教育方针，实现培养目标，而对教育系统所进行的计划、组织、控制等一系列有目的的连续活动。它包括两大部分：①教育行政管理，其主要内容有贯彻教育方针、推行教育法令、拟定教育规章、编制教育计划、审核教育经费、任用教育人员、视察指导和考核所属教育行政单位和学校的工作、处理各项教育工作上的问题；②学校管理，其主要内容有学校管理体制、学校管理过程和方法、学校思想政治工作、教学、科研、体育卫生、人事保卫、总务、财务以及其他各项工作的管理等。

二是建立健全沟通渠道。基础教育工作者必须按照与时俱进的要求，充分发挥自身的职能作用，妥善协调和处理好各方面的关系，最大限度地整合不同的利益群体，保持基础教育的协调稳定发展。

首先，制定的政策要反映不同领域不同阶层群众的利益，千方百计保证广大人民群众都能享受良好基础教育的机会。其次，要高度重视和维护人民群众最现实、最关心、最直接的利益，特别是要关心弱势群体，使他们的受教育权益得到保障、素质得到提高。最后，引导社会各界以理性、合法的形式表达利益要求、解决利益矛盾，自觉支持基础教育改革与发展。

第二章　秦都区英才学校教育实践

第一节　学校概况

　　一方梦想热土，孕育璀璨名校。在陕西省八百里秦川腹地咸阳市，坐落着一所美丽的秦都区英才学校，学校是由咸阳市和秦都区两级政府倾力打造的，直属于秦都区教育局的一所公办九年制学校，分为本部与明德学部两个校区，总占地面积75亩，建筑面积4.5万平方米。学校现有84个教学班，学生4418人，教职员工300余人。学校位于渭水之南、咸阳湖畔，西依风雨廊桥，北望古朴的清渭楼，置身于景色优美的风景区之中。

　　咸阳位于九嵕山之南，渭河之北，山水俱阳，地理位置优越，是周、秦、汉、唐建都之地。古渡廊桥作为咸阳市的标志性建筑之一，见证了历史的辉煌与变迁。背靠千年古都厚重的历史底蕴和优美的自然环境，秦都区英才学校涵养了大格局、大担当、大胸怀、大视野，自2018年建校以来快速发展，已成为咸阳大地上冉冉升起的新地标学校。

秦都区英才学校正门

咸阳市风雨廊桥夜景

一、硬件设施

　　学校是一所高起点、高标准、环境优美、教学设施一流、师资队伍过硬的现代化学校。学校建有教学楼、实验楼、综合楼、标准化操场、室内体育馆、餐厅、农业生态园、地下停车场，配备机器人教室、创客空间、国学馆、书法教室、数字化探究实验室、教师沙龙、学生共享空间等54个部室。

学校创客教室

学校体育馆

学校美术教室

学校绘本馆

学校音乐教室

学校大厅

二、师资队伍

学校教师由全市范围内遴选的骨干教师构成,以教育部直属六所师范大学(北师大、华东师大、华中师大、东北师大、陕师大、西南大学)公费师范生及秦都区高素质人才引进为主。现有公费师范生20人,研究生17人,省市区教学能手、学科带头人、骨干教师共50余人。

三、学校荣誉

学校自建校以来,广受社会各界的关注,在区委区政府及区教育局对基础教育的战略部署、超前谋划、优先发展、大力支持、高位引领下,在学校教师、学生、家长的共同努力下,学校快速发展,质量显著提升。先后荣获"陕西省教育质量综合评价改革实验学校""陕西省人防宣传教育示范学校""秦都区文明校园""316督导陕西省优秀学校""2022年秦都区第一批名校""陕西省青少年素质教育基地""名校长""咸阳市义务教育标准化学校"等20多项荣誉。2023年入选秦都区第一批"名校""名校长"行列。

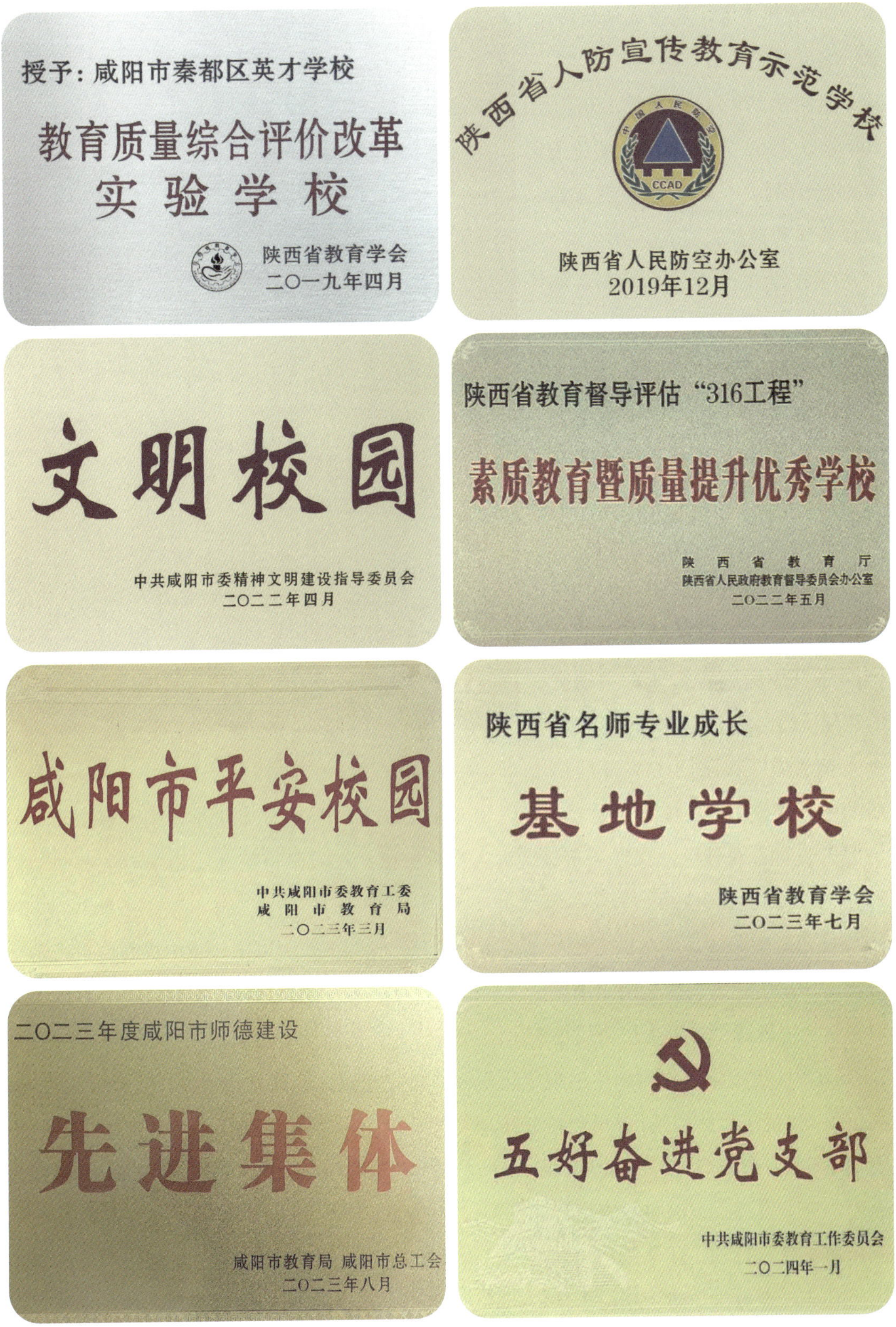
授予：咸阳市秦都区英才学校
教育质量综合评价改革
实 验 学 校
陕西省教育学会
二〇一九年四月
陕西省人防宣传教育示范学校
CCAD
陕西省人民防空办公室
2019年12月
文明校园
中共咸阳市委精神文明建设指导委员会
二〇二二年四月
陕西省教育督导评估“316工程”
素质教育暨质量提升优秀学校
陕 西 省 教 育 厅
陕西省人民政府教育督导委员会办公室
二〇二二年五月
咸阳市平安校园
中共咸阳市委教育工委
咸 阳 市 教 育 局
二〇二三年三月
陕西省名师专业成长
基 地 学 校
陕西省教育学会
二〇二三年七月
二〇二三年度咸阳市师德建设
先进集体
咸阳市教育局 咸阳市总工会
二〇二三年八月
五好奋进党支部
中共咸阳市委教育工作委员会
二〇二四年一月

学校部分荣誉照片

2023年中考，我校成绩显著。第一名同学783分，全市第86名；第二名同学779分，全市第170名。700分以上56人，各科成绩位于秦都区前列。一至八年级期末考试成绩均列秦都区前五。

学校学生全面发展，在各级各类比赛中荣誉硕果盈枝。2022年5月在陕西省教育厅主办的省第十八届"春芽杯"中小学生艺术比赛集体项目及个人项目中斩获多项大奖。2023年金同学荣获陕西省"新时代好少年"荣誉称号，另5名学生荣获市区级"新时代好少年"称号。2023年在陕西省第八届少数民族传统体育运动会的花样跳绳比赛中荣获集体奖3项，个人奖4项；在陕西省美育展演

学校2023年中考喜报

活动中，我校荣获集体和个人项目多达85项；在咸阳市第七届中小学诗词大赛中两名学生冲入决赛喜获佳绩，实现了市级诗词大赛零突破；在咸阳市第九届跆拳道大赛中学校10名学生取得优异成绩。

立足时代荣耀，创品牌名校，办高品质教育。党的十八大以来，党中央高度重视基础教育，作出了一系列重大决策部署，"双减"政策颁布、新课程标准实施，推动基础教育取得了历史性成就、发生了格局性变化。

秦都区英才学校作为新生的现代化学校，自建校以来紧跟时代步伐，坚持前瞻思考、高位谋划，坚定对标卓越，寻求创新突破，坚守"为党育人、为国育才"的初心使命，聚焦"正德优学 美好教育"的品牌强音，致力建设一所体现生态人文和谐共生，诠释教育温度与高度，充分发挥优质公办教育资源的引领作用的品牌名校。学校坚持高起点部署，全面谋划精耕细作，每项工作争第一，创唯一，树标杆，提高站位、科学谋划。在谋深谋细谋实上下功夫，在教学质量上精益求精，在队伍建设上精耕细作，在德育教育上精雕细琢，在规范管理上精诚团结、攻坚克难，走在了全区教育高质量发展第一方阵。

第二节 办学理念

办学理念是学校对教育本质的把握，是学校在办学实践中自主构建起来的总体办学指导思想。办学理念引领着学校的顶层设计，核心是促进学生发展，这种发展不只是知识的获取，更是善良的孕育、智慧的启迪、审美的陶冶。学校要培养学生的人文精神与家国情怀，引领学生用心去体味生活和学习的美好，进而放眼更广阔的世界。学校的办学理念和顶层设计，从根本上要为学生发展创造更加优美的环境，要让优秀品质直抵他们的灵魂深处。真正有生命力的理念与顶层设计是学校自己主导，师生全员参与。一方面要形成以学校领导和师生代表为主导的顶层设计主体，另一方面要构建全员参与的底层治理系统。全体师生在教育实践中，以学校办学理念的核心精神、理念、目标等作为一切教育行为的指导，同时也从顶层设计出发找到合适的载体。

一、顶层设计——打造以美蕴德的生命园

一所学校只有充分认识自我，拥有独特的价值追求、独立的教育哲学、独创的学校精神、独到的教育见解，才会建立起属于自己的教育标识，才能呈现一种宛若丛林生态的教育格局。而实现这些，首要的便是做好学校的"顶层设计"。

顶层设计的灵魂是确立学校的教育哲学，具体就是三件事，即铸魂、筑梦和画像。学校理念目标包括学校办学理念、办学定位、培养目标，以及学校对高质量育人的理解。铸魂就是要凝练学校的办学理念。办学理念是对办学中的基本问题如"学校是什么""为什么办学校""怎样办学校"等的理性认识、价值判断和理想追求。愿景揭示了我们渴望成为什么，达到什么境界，以及创造出什么。愿景的塑造要体现创造、沟通和生动。画像就是要勾勒学校所培养学生的理想形象。顶层设计必须是一份可以实施的"系统谋划"，包括校园文化、育人环境、校本课程、教师团队、学生培育等，并通过高效精细的管理把德育、教学、教科研等工作整合起来。以顶层设计来引领教育的生成，形成共同的价值观，让各模块有机融合，相互促进，共同发展。

秦都区英才学校自筹备建校时，便在省、市、区领导的高位引领指导下，加强顶层设计，由虚向实，逐渐形成一套成熟的办学思想规划，并在五年的建设发展中遵循学校发展的宏观、中观、微观层面不断自洽。将宏观层面的办学理念与中观层面的德育、课程、管理、评价，以及微观层面的环境创设、教师培育、课堂教学、学生活动、家校合作等贯串起来，形成理念驱动、目标导向、要素联动、实际操作的逻辑体系，促进学校可持续发展。

学校以"美的风景 好的教育"作为核心理念，核心理念下分理念系统、行为系统、

物态系统三大板块。理念系统包括办学理念、办学目标、一训三风等,行为系统包括管理行为、课程行为、教学行为等,物态系统包括标志塑造、核心场景、景观打造等。

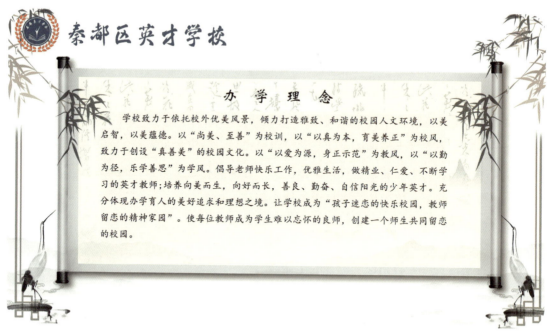

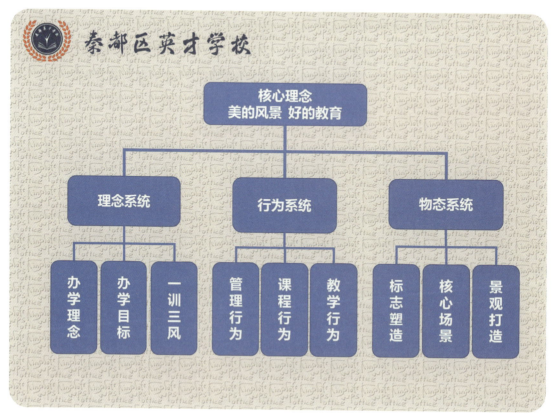

学校办学理念

学校致力于依托校外优美风景，倾力打造雅致、和谐的校园人文环境，以美启智，以美蕴德。以"尚美、至善"为校训，以"以真为本，育美养正"为校风，致力于创设"真善美"的校园文化。以"以爱为源，身正示范"为教风，以"以勤为径，乐学善思"为学风。倡导老师快乐工作，优雅生活，做精业、仁爱、不断学习的英才教师；培养向美而生，向好而长，善良、勤奋、自信阳光的少年英才。充分体现办学育人的美好追求和理想之境。让学校成为"孩子迷恋的快乐校园，教师留恋的精神家园"。使每位教师成为学生难以忘怀的良师，创建一个师生共同留恋的校园。

学校"一训三风"

校园文化是学校办学、精神、风貌、气质的精华，秦都区英才学校顶层文化体系指导着学校的办学方向，定位着学校的品牌方向。在文化创设上，几经探索、思考、交流，学校最终锁定"美的风景 好的教育"中"美好"二字。学校以"美好"作为发展基调，让生命蕴染中国悠久文化中"善、贤、美"精神底色，致力于营造"美好"教育生态，通过实施五园行动（书香校园、文明校园、快乐校园、人文校园和创新校园），积极塑造一种积极向善、向上、向美的文化氛围，从而为学生们的未来人生奠定坚实的基础。

（一）核心理念：美的风景 好的教育

在新教育"过一种幸福完整的教育生活"的理念指引下，基于优美的自然风景和渭水文化起源，着眼教育的时代呼唤，学校确立教育主题为"美好教育"，旨在用美的风景浸润、涵养美好心灵，让教育回归自然、回归纯粹淳朴，办美好教育，过幸福人生。

学校东门石碑

学校风景图

学生活动掠影

（二）办学理念：播种一颗美好的种子

随风潜入夜，润物细无声。教育是一场静待花开，追寻美好的过程。美好的教育一定包含着温度和爱。美好的环境，美好的教学生态，美好的教师，美好的学生，才能创造美好的教育，成就美好人生。

美好教育是怎样的？美好教育以生命关怀为基础，以人文关怀为引领，以环境美好、课程美好和教学美好为基本途径，以培育美好人性为核心，追求人的美好发展为目标。既要关注学生未来生活的美好，也要关注学生成长过程的美好。作为教师要阳光快乐地工作、健康充实地生活，同时引导学生阳光快乐地学习、健康充实地成长。美好教育，就是人人真正得到了关注，人人都获得了关心，人人都感受到了温暖，人人都得到了发展，各自成为最好版本的自己。

秦都区英才学校的育人目标是向美而生，向好而长；秦都区英才学校的办学愿景是营造"政以兴教为本、民以助教为荣、师以正德为责、生以优学为乐"的美好教育生态；秦都区英才学校的办学使命是办好人民满意的"美好教育"。

（三）徽训风：校徽、校训、校风、学风、教风

1. 校徽——时代精神，文化底蕴

校徽是一所学校的重要标识之一，是学校精神、气质和风采的形象化标识，是时代精神和办学理念的折射，是学校独特的思想文化境界的体现。学校校徽设计，以"YC"拼音字母和书本为主体设计，形化为一个跃动的少年，代表学校扎根于丰厚的文化底蕴之中，又彰显学校文化的核心，以爱育爱，是对爱的培育，是对美好的种植，让爱生发，让美好生根，深入每个师生的心中。

2. 校训——尚美、至善

《礼记·大学》说："大学之道，在明明德，在亲民，在止于至善。"至善至美、至诚至真是为人的根本，也是安身立命的根本、为人处世的钥匙。学校以"尚美、至善"为校训，育人育心，教人向善，旨在办回归本真的教育，追求"最纯粹的美""最崇高的善"。

3. 校风——以真为本，育美养正

陶行知先生说过："千教万教教人求真，千学万学学做真人。"《礼记·中庸》有言："唯天下至诚，为能经纶天下之大经，立天下之大本，知天地之化育。"学校以"以真为本，育美养正"为校风，旨在呼唤雅正醇厚的校风校貌，明确教育最重要的目的是培养人，这个人，应该是正直善良，追求真理，拥有真性情、真情怀的人。

4. 学风——以勤为径，乐学善思

韩愈在《古今贤文·劝学篇》中说："书山有路勤为径，学海无涯苦作舟。"刻苦学

习不仅能获取真知,也能磨砺性情,涵养品格。《论语·雍也》有言:"知之者不如好之者,好之者不如乐之者。"爱为学问之始,热爱知识、善于思考方能体会学问之精妙,汲取天地智慧,学校以"以勤为径,乐学善思"为学风,旨在营造"乐学、善学、勤学"的良好氛围,培养有内涵、有温度、勤奋认真、终身学习的儒雅少年。

5. 教风——以爱为源,身正示范

冰心曾说过:"有了爱就有了一切。"作为教师,要有对事业的执着和追求,要怀着崇高的责任心和使命感,要用满腔的爱心开启学生智慧的大门。用自己的真情和爱心去感化每一个学生和老师。"学高为师,身正为范"是每一位教师从教的最高追求。一位好教师,是学生学习知识的引路人,是学生健康成长的引路人,是锤炼学生品格的引路人,更是学生担当时代重任的引路人。学校以"以爱为源,身正示范"为教风,呼吁全体教师以爱为源,以情育行,秉持初心,恪守师德,以德树人。

二、以人为本——打造人文关怀的幸福家

教育的最大秘诀,是爱。有爱则有沃土、根系与幼苗;有爱方能抽芽、拔节、开花。学校全面落实立德树人根本任务,实施素质教育,坚持以人为本,打造人文关怀的美好校园,探索适合每位师生个性成长发展的教育之路。

学校每月表彰"五美少年",引领学生德智体美劳全面发展、向阳成长;坚持"以人为本、与人为善、对人负责、助人成功"的教师发展理念,为每位教师准备"节日惊喜""生日花束"尽显人本关怀;通过教师共读和微课题共研等学习共同体的沙龙分享,教师和班主任的基本功大赛、每学期"新—欣—心"教师的评比、"青蓝工程"师徒结对活动为英才教师搭建学习提升的平台,促进全年龄段教师都始终保持敏于学习、勤于思考、勇于超越、乐于分享的幸福职业状态。

"教师节"为老师献花

学校工会和妇联关心教职工的身心健康,定期组织全体女教职工进行妇检,邀请专家为教师开展瑜伽课、书法课,丰富教师课余生活;学校为每位过生日的教师准备节日花束,每月举办生日会,尽显人文关怀;邀请咸阳市医院妇科专家到校为女教职工举办保健知识讲座,为健康生活提供重要指导;进一步完善和健全女教职工互助保障机制,切实维护广

大女教职工的合法权益，深受广大教职工好评。

学校注重仪式感教育，让每一个学生感受到被重视、被珍爱，从而激发学生内心的爱与美好，培养学生良好的礼仪修养和综合素质。学校每学年秋季开学为一年级学生举行盛大的迎新仪式，精心设置击鼓明志、朱砂启智、提笔礼、拓印等仪式，让一年级的小学生们带着家长的期许和祝福踏入人生新征程。春季开学精心营造元宵节日氛围，迎接久别重逢的学生们，共同感受中国传统文化的魅力。学校每学年为六年级、九年级毕业生举行毕业典礼，用盛大的仪式欢送学生离校，祝愿学生鹏程万里。

开学典礼　　六年级毕业典礼　　九年级毕业微电影

开学迎新

毕业典礼

三、评价引导——培养全面发展的美少年

全国教育大会强调要"扭转不科学的教育评价导向，坚决克服唯分数、唯升学、唯文凭、唯论文、唯帽子的顽瘴痼疾，从根本上解决教育评价指挥棒问题"。《关于深化教育教学改革全面提高义务教育质量的意见》明确提出"建立以发展素质教育为导向的科学评价体系，国家制定县域义务教育质量、学校办学质量和学生发展质量评价标准"。《深化新时代教育评价改革总体方案》明确提出"国家制定义务教育学校办学质量评价标准，完善义务教育质量监测制度"。

教育评价是教育前行路上的指示牌、指挥棒。教育评价事关教育发展方向，有什么样的评价"指挥棒"，就有什么样的办学导向。学校要聚力区域教育评价改革实验基地建设，坚持科学有效，发展素质教育，改进结果评价，强化过程评价，探索增值评价，健全综合评价，充分利用信息技术，提高教育评价的科学性、专业性、客观性，加快构建全环境立德树人教育质量评价发展体系，引导全社会树立科学的教育发展观、人才成长观、选人用人观，推动构建服务全民终身学习的教育体系，努力培养担当民族复兴大任的时代新人，培养德智体美劳全面发展的社会主义建设者和接班人。

秦都区英才学校依照《深化新时代教育评价改革总体方案》和《国家义务教育学生评价指南》，紧密围绕"美的风景 好的教育"办学理念，积极开展学生综合评价改革探索与实践，创新构建以"美德、乐学、健康、才艺、劳卫"为倡导的"五美少年"学生综合评价体系（附录1），奖项设置以英才校园内绽放的花朵寓意，希望英才的佼佼少年如四时之花一样，向阳而生，择善而行，向美而生，向好而长。通过每周、每月、每学期、每学年的班级、学部、学校逐级评选表彰引导学生德、智、体、美、劳的全面发展，落实立德树人根本任务。

（一）"五美少年"学生评价体系

"五美少年"评价体系

1. 美德"蔷薇少年"

蔷薇花团锦簇，浓烈优雅，寓意仁厚博爱，热情无私，美丽圣洁，象征着崇高、神圣、高贵的美好品德，团结友善、互助互爱的高尚品质。

评选"蔷薇少年"标准：①真，诚实守信、不说谎话，做事认真，惜时守时；②善，乐于助人，勇于担当；③美，第一语言美（不说脏话、公众场合不讲方言），第二仪表美（仪容仪表符合学校要求），第三行为美（公众场合不追打不喧哗、上下楼靠右行、乘车遵守文明礼仪）。

校内蔷薇花

校内紫藤花

2. 乐学"紫藤少年"

紫藤花浪漫辉煌、芬芳馥郁，寓意不惧困难的探索学习精神，象征着勇于探索、开拓创新、珍惜时间的美好品质，呼唤富有青春气息、纯粹热烈、勤奋善思的赤子之心。

评选"紫藤少年"标准：①学习习惯好要做到听（认真听讲、认真聆听）、说（完整准确表达、积极发言）、读（诵读打卡、读书姿势正确）、写（写字姿势正确、按时完成作业不拖欠）、预（高效预习新知）；②学习成效好要做到各科学业表现均达到优秀。

3. 健康"石榴少年"

石榴花以其一片丹心、满簇红缨，粲然于枝叶之间；以赤诚之艳名、怀玉之忠心，冠于百卉之上。寓意生机勃勃、朝气焕发，象征着健康的体魄、强大的生命力。呼吁英才少年如鲜红艳丽的石榴花热情向上、健康活泼。

评选"石榴少年"标准：①具有科学的自我保健意识，有良好的生活习惯和卫生习惯；②能坚持参加学校各类体育活动和家庭每天锻炼半小时，各项健康体检指标正常，体质健康监测合格；③能积极参加学校和家庭的日常生活劳动、生产劳动和社会公益服务性劳动；

④读写姿势正确,加强户外活动,充分接触阳光,科学用眼;⑤在家里能和家长共同制订科学的作息时间表,严格自律、按时就寝,保证充足的睡眠时间;⑥崇尚科学,破除迷信,积极宣传和倡导科学合理的生活理念。

4. 才艺"月季少年"

月季花色彩缤纷、花开四季,寓意多才多艺的英才少年像五彩斑

校内石榴花

斓的花朵恣意成长,鼓励孩子们乐观积极、发扬个性、踊跃展现自我,用尚美至善的价值追求、扎实的文化功底、良好的礼仪素养、深厚的艺术底蕴、创新的艺术构想,锤炼品德、完善人格、塑造美好心灵。

校内月季花

评选"月季少年"标准:①态度,能上好学校每一节艺术类课程(音乐、美术),积极配合参与班级或学校才艺活动;②兴趣,在艺术学习方面有浓厚的兴趣,多才多艺,有特长,有学习的热情;③能力,曾参与市、区或校级艺术比赛活动并获奖,能现场演绎或视频交流。

5. 劳卫"玉兰少年"

玉兰花刻玉玲珑,吹兰芬馥,寓意着不畏艰辛,热爱劳动,珍惜他人劳动成果的美好品质,象征着"人人劳动为我,我劳动为人人"的团结合作,共同劳动,知恩图报的高尚精神。

评选"玉兰少年"标准:①热爱劳动,积极参加校内外劳动,且起到一定的带头作用;②勤俭朴素,主动为家庭做一些力所能及的事;③有良好的劳动

校内玉兰花

卫生习惯，坚持搞好班级和公共场地卫生，值日认真负责；④有公德心和良好的集体意识，热心班级服务，有公仆精神。

（二）三阶评选流程、五大评价主体

学校细化评选流程，设立"班级—学部—学校"三级评价体系。建立"五位一体"的五大评价主体：包括学生评价、同学互评、教师评价、家长评价、社会评价，以"积分手册"为评价媒介，实现多元化评价主体。

（1）设置心灵卡，搭建师生理解桥梁，完善师生互评机制。

（2）设置反省卡，引导学生自我反省，主动自我评价，使评价从被动走向主动，从他律走向自律。

（3）设置友情卡，生生互评，互相监督，互相促进。

（4）设置成长记录卡，由家长完成评价，促进家庭教育落实落地，让家长关注学生成长。

（5）设置社评卡，将学生生涯教育融入整个社会环境，通过开展社会实践活动、志愿服务活动、工厂调研等形式，调动学生、教师、家长及社区、社会各界人士积极配合和广泛参与，促进学生形成正确的人生规划，为学生评价提供更全面、更真实的环境。

"五美少年"评分表

第三节　学校管理

传统的学校管理普遍采用"金字塔式"层级管理结构，但随着社会环境的变化，这种管理方式不仅不能适应人的能动发展的特性，而且容易让学校成为一个依靠领导者个人而不是依靠全体成员来不断迭代和进化的组织。学校管理者如果能够以更大的格局和视野看待学校发展的责任与使命，那么就需要采取不同的战略、不同的组织架构和管理模式做支撑。

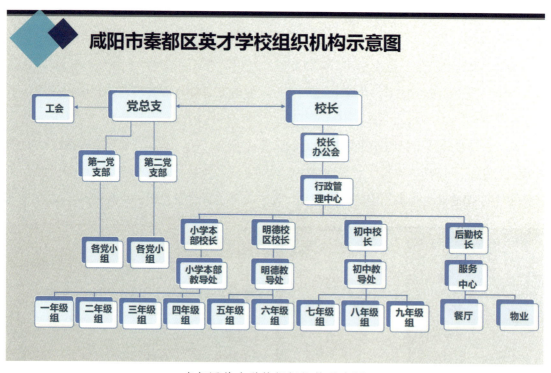

秦都区英才学校组织机构示意图

什么样的学校管理是最好的？就是最能体现现代教育价值观的管理。当学校把学生的终身发展作为育人目标的时候，学校管理就要激发出每个人的创造活力。世界管理大师加里·哈默曾经提出扁平化管理的理论，这一理论的核心就是降低管理重心，减少管理层级，扩大管理主体，提高管理效能。在实践当中，能够有效将扁平化管理落到实处的就是项目式管理：赋予管理者更大的权力，使其职责更加明确，任务指向更加清晰，实现高效闭环。

基于以上思考，秦都区英才学校设立"三学部二中心"组织架构（小学学部、明德学部、初中学部，行政中心、服务中心），实行层级管理与扁平化管理交互的"混合式管理"，下移管理重心，实行精细化管理。

"混合式管理"，即原有的职能部门负责决策和评价，规划设计相应的发展思路和战

第二章 秦都区英才学校教育实践

学校"五抓五提" 　　 学校"五字方针"

略，提出任务内容和标准，并且负责督查落实；年级管理团队负责执行和落实，享有与之匹配的资源调配权和执行决策权；校级干部分工到各个年级。这种管理模式"知行合一"——每个校级干部既是部门工作的决策者，又是执行者，决策是否科学合理，执行过程中自己就能得到及时反馈，所以更能够锻造干部的决策能力、执行能力、创新能力，因此也更加高效。

学校始终坚持管理"五抓五提"，践行"五字方针"，践行"理念引领、课程途径、管理助推"工作思路，有力助推学校各项工作规范、高效推进。

"五抓五提"即抓管理，提服务；抓课堂，提成绩；抓课程，提能力；抓竞争，提活力；抓细节，提标准。

"五字方针"即"快"字当头（快速响应，快速执行）；"活"字为要（思维鲜活，应变灵活）；"细"字为魂（注重细节，精细育人）；"实"字为基（注重实效，务实求真）；"严"字为律（管理严格，治学严谨）。

"五抓五提"和"五字方针"体现了学校对工作效率的追求和务实精神，使学校各项工作更加有序、规范、高效，很大程度上激发了教师的工作热情和创造力。

一、党建引领高质量高水平发展

坚持党对教育事业的全面领导，是办好我国教育事业的根本保证。党的领导是引领各级各类学校高质量办学的最大政治优势，是办好中国特色、世界水平现代教育的根本政治保证。习近平总书记强调，加强党的领导和党的建设、加强思想政治工作体系建设，是形成高水平人才培养体系的重要内容。作为高质量教育体系的构建基础，中小学办学质量决定人才质量，关乎每一个家庭的幸福，关乎党和国家事业发展，关乎民族复兴伟业。

当前，我国基础教育发生了格局性变化、取得了历史性成就，普及水平总体接近发达国家水平，进入高质量发展的新阶段。新发展阶段，党建让中小学教育更有"方向感"。学校教育承担着培养社会主义建设者和接班人的责任和使命。首先，党建确保了正确的办学方向。党建引领中小学坚持社会主义办学方向，全面贯彻党的教育方针，用习近平新时代中国特色社会主义思想铸魂育人，着力加强社会主义核心价值观教育，为党育人、为国育才，确保党的事业和社会主义现代化强国建设后继有人。其次，党建引领了课程教学改革的正确方向。基础教育阶段，课程教学是重要的育人载体。党建引领学校课程教学改革，就是要把中华优秀传统文化、革命文化和社会主义先进文化贯穿于育人全过程，把立德树人融入思想道德教育、文化知识教育、社会实践教育各环节，创新教育教学方式，不断提高育人质量。最后，党建明确了教师队伍建设的价值方向。弘扬教育家精神，争做"四有"好教师，当好"四个引路人"，是新时代党对教师队伍的要求，也是教师专业价值的体现。新时代教师要努力成为先进思想文化的传播者、党执政的坚定支持者，才能更好担起学生健康成长指导者和引路人的责任。因此，抓好党建才可促发展，中小学一定要把党建工作作为办学治校的基本功。

秦都区英才学校自2018年建校以来，坚持以习近平新时代中国特色社会主义思想为指导，始终牢固树立"抓党建就是讲政治，抓党建就是抓队伍，抓党建就是推动业务工作"的理念，坚持"党建引领提质量　深度融合促发展"工作思路，紧密围绕"美的风景　好的教育"特色办学理念，树立"特色立校、质量兴校、内涵发展"工作目标，充分彰显党组织的战斗堡垒作用和党员教师的先锋模范作用，以只争朝夕、全力跨越的豪迈干劲，

中共咸阳市秦都区英才学校第一支部委员会第二批主题教育专题组织生活会和民主评议党员大会

不断书写美好教育新篇章，努力培养德智体美劳全面发展的社会主义建设者和接班人。

学校以创建"领导班子好、党员队伍好、工作机制好、作用发挥好、工作业绩好""五个好"党支部为抓手，全面落实从严管党治党责任，加强学校思想、组织、作风、制度和廉政建设，推进基层党建工作提质增效，扛实党建主体责任，促进党建和教育教学工作深度融合，坚持党组织在一线指挥、党员在一线示范引领、党旗在一线飘扬，有力促进学校教育教学各项工作高质量发展。

（一）强基固本筑堡垒，实现"领导班子好"

学校始终将党建工作放在第一位，强化班子建设，认真贯彻落实建立中小学党组织领导的校长负责制相关要求。落实党内激励关怀机制，推行党务公开制度，坚持党员学习制度，

定期组织召开"三会一课",深入开展形式多样、内容丰富的党建活动。如开展党的二十大精神"进校园 进课堂"、开展庆祝建党100周年活动、组织全体师生开展"唱支红歌给党听"活动、"党员带头进社区"主题党日活动等志愿服务工作,提升党员党性修养。

（二）以学铸魂强党性,实现"党员队伍好"

学校常态化开展主题教育学习活动,抓好教职工的思想政治教育和师德师风建设,以人为本,充分挖掘年轻教师队伍的激情和潜力,大力抓好"党员队伍""班子队伍""教师队伍""班主任队伍"等队伍建设,切实提高校园管理能力和治理水平。以"三学三亮三比"活动为抓手,发挥党员引领示范作用,创建20个党员示范班,设置48个先锋岗,35名党员获得省、市、区名师工作室主持人、学科带头人骨干教师称号。学校做好发展党员工作,健全"双培养"机制,夯实基础、注入活力,加强组织建设、队伍建设、阵地建设。学校将"以学铸魂强党性"作为重点工作来抓严抓实抓细,持续开展好师德师风建设,提振精气神,树立好形象,推动形成朝气蓬勃、比学赶超、干事创业、力争上游的工作局面。

（三）完善制度抓管理,实现"工作机制好"

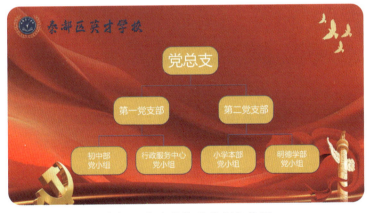

秦都区英才学校党组织机构图

学校党总支机构设置科学,队伍管理规范,党员覆盖到各部门、处室、年级组、学科组,注重强化责任意识,敢于管理、善于管理,尝试用现代学校制度管理学校;在学校管理方面立实际、出实招、求实效上下功夫,狠抓常规管理,狠抓制度建设,推进建章立制进度,力求"人尽其才"。学校严格落实上级教育部门有关规定,切实规范教师教学行为,用制度约束人、激励人,形成良好的教风学风。

（四）培根铸魂抓团队,实现"作用发挥好"

学校党支部全面加强党对共青团、少先队工作的指导,加强党团队一体化建设,学校党组织高度重视党建带团建、队建工作,规范和加强少先队推优入团、共青团推优入党工作机制,在工作中注重组织培养的衔接、贯通,建立从"队前教育"到"团队衔接"的贯穿学生成长全过程的阶梯式成长激励体系。在学校党组织的领导下,学校共青团、少先队工作坚持立德树人,聚焦抓好党的事业后继有人根本大计,加强顶层设计,构建党组织领导下的大思政格局,打造从少先队员、共青团员到共产党员的一体化思政育人体系,以实践锻造时代新人学校加强党建带团建、队建力度,学校党组织引领校团支部与少工委开展主题教育实践活动,采用线上线下相结合的方式,充分挖掘各种教育资源和地方红色资源,上好党史学习教育和成就教育的"实践课"。增强青少年与党同心、跟党奋斗的坚定意志,努力培养德智体美劳全面发展的社会主义建设者和接班人。

秦都区英才学校学生团队建设

(五)强化主业提质效,实现"工作业绩好"

学校全校教师牢固树立"教育是最大的民生"的理念,学校形成"校长亲自抓质量,班子层层抓质量,教师人人抓质量"的工作格局,坚持通过党建品牌建设,实现党支部对学校工作的全面领导,实现了"党建+教学工作、党建+德育工作、党建+志愿活动、党建+教育信息化、党建+安全管理、党建+家校共建、党建+课后服务等"要素全覆盖,学校教育教学质量显著提升。

党建+教学工作 党员教师示范课　　党建+德育工作 "我的立德树人故事"演讲比赛

二、精细化管理，夯实教学常规

教学质量是学校工作的生命线，做好学校常规教学工作、实施教学精细化管理，是提升教学质量的有效途径。在教学常规管理中要做到细化过程实施，严格动态管理。秦都区英才学校在多年的教学实践中，探索出一套成熟的可借鉴的教学常规管理理念和经验。

学校坚持定计划，突出一个"谋"字。"不谋全局者，不足谋一域。"制订切实可行的教学计划是学年度起始的重要环节。每一学年初，学校要依据上级部门的要求，结合本校实际，谋划好一年内要做的事情，使教学工作具有计划性、前瞻性。比如，制订三个层次的计划：学校教学工作计划、学部教学工作计划和个人教学工作计划。

强过程，突出一个"细"字。老子曾说："天下难事，必作于易；天下大事，必作于细。"可见细致性在完成一项工作中的重要性。为此，学校提出明确的教学常规工作基本要求，形成常规教学管理制度。

细管理，突出一个"评"字。评价是管理的有效手段。公平、公正、精细评价教师的常规教学工作，能发挥激励作用。在教学常规管理工作中，要健全各项评价制度。比如，可以把教师分为班主任和科任两个系列，按系列从德、勤、绩、能四个方面细化评价体系，在教代会中表决通过，作为评价总标准。建立多元评价方式，开展教师自评、教师互评、学生评、家长评等多种方式，激励和督促教师不断反思，及时调整工作状态和工作思路，促进教师不断成长。

（一）教学管理

学校制定《秦都区英才学校教学工作常规管理规程》（附录2），严格按照国家课程设置方案的要求，开齐开足课程，科学安排各学科课程教学活动，任课教师严格按照课程教学计划施教。注重加强各学科、各年级组的建设，制订教学目标及进度计划，设计活动方案。

为真正发挥作业诊断、指导、检验、评价的重要功能，进一步提高作业管理水平，学校实行"双环"作业管理模式，双环即"管理设计环"和"反馈提升环"。学校通过对作业的科学规范管理，旨在明确作业规范要求，形成得力高效的运行措施，建立健全可操作的作业监管与考核机制，从而形成一套完善有效的作业管理体系，助推学校良好教育生态的构建。

管理设计环：完善作业管理制度，规范作业管理中的问题；通过学科组设计、班级统筹、学部审核、学校公示来规范作业设计的环节，保证学生回家作业总量，常规作业重分层，特色作业重实践探究。保证小学生作业不出校，初中生"少带作业回家""不带问题回家"。反馈提升环：学生完成作业后，教师批阅反馈学生学情，认真填写作业批改记录；学校通过教学督导反馈教学效果；最后，通过学生、家长意见反馈采集多方评价，对作业进行再思考、再优化。最终通过"双环"良性驱动形成减量丰形、分类分层、五育并重的理想作业形态，真正实现"减负、提质、增效"，切实减轻学生课业负担，提升教学效能，促进学生身心全面发展。

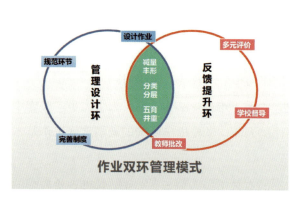

"双环"作业管理模式

教师作业批改记录

（二）教研管理

为提高教学质量，学校定期开展教学教研活动，关注常态课堂教学质量。设立"学校—学部—年级"三级学科组架构，实行学科组负责人制度，制定完善的《学科组活动制度》，学科组长每学期签订目标责任书，每学期对学科组长进行考核。各学科组每周开展教研学习活动，规范填写学科组活动记录表。各科教师以集中备课、无生说课、教案及作业展评、课题研究、教学设计研究等方式互相学习，共同提高。学科组内每周开展"一示范两公开"活动促进教师能力提升，即各学部每周一节专题示范课、一节学部公开课、一节学科组公开课。通过课例学习、组内评课探讨提升教师执教能力和学科专业素养（附录3至附录8）。

第四节　校园安全

校园安全工作是学校的生命线，是开展一切教育工作的基本保障。学校应始终坚持"安全第一　生命至上"原则，牢固树立安全意识，抓好校园安全工作，着力为学生营造"安全有序、文明和谐"的校园环境。学校应一方面加强学校的人防、物防、技防建设，构筑安全防护的硬环境；另一方面抓好管理，营造事事讲安全、人人抓安全、生生懂安全的软环境。一手抓防护，一手抓执行，形成合力，推进学校有序、健康、平安、持续发展。应坚持预防为主、防治结合、加强教育、群防群治的原则，通过安全教育，增强学生的安全意识和自我防护能力；通过齐抓共管，营造全校师生关心和支持学校安全工作的局面。

一、建立长效机制，筑牢校园安全屏障

（一）领导重视，措施有力

秦都区英才学校建立健全学校安全领导小组，严抓管理队伍建设，强化层层管理，通过"四长"责任制（"校长＋分管校长＋班主任＋家长"），层层签订责任书，落实管护责任。通过任务分解"分管领导＋包抓年级领导＋年级组长＋班主任"形成任务链，落实、指导、检查、反馈全面铺开，提升执行力和领导力。学校每月开展一次校园安全排查，对查处的安全问题，坚决做到限期整改。

（二）制度保障，明确责任

为规范学校安全管理，学校建立了一整套学校安全管理制度，完善了各类应急预案，通过建章立制，达到规范师生行为，增强师生安全意识的目的。为了进一步加强校园安全，划分了校园安全责任区，明确了各责任人的职责，真正做到了定责定岗、责任到人。同时学校还针对教学楼楼口及厕所等重点部位，设专人对学生上下课、课间操、放学等时段的秩序进行监管，对学生平时上下楼的纪律进行严格的要求。通过细化管理，使学校安全管理网络覆盖到校园的每一个区域、每一个角落、每一个时段，使安全工作制度化、规范化、常态化。严格落实家长接送制度，严禁学生骑自行车上下学，对学生骑车上学情况进行清查。

针对学校有可能发生的意外事件，学校对消防、交通安全事故、食物中毒事件、突发治安事件、体育活动事故、防溺水、自然灾害事故等突发的公共事件，制订了相应的应急预案，明确了应急救援队伍应急处理的具体方法，并通过每月一次的应急演练提高全体师生的应急反应和救援水平，最大限度地保障师生的生命财产安全。

（三）精细管理，重点防范

1. 进一步加强对校门、校园的安全管理

学校实行全封闭式管理，严禁家长及外来人员进入校园，严格门卫登记制度，加大门卫的管理力度。做到校内有学生就有老师巡视和规范学生活动。严格控制学生在校时间，做好师生出入学校请假审批制度，学生到校后无特殊情况不准外出，确需外出的要有家长来接，持班主任假条方可离校，校外人员来访需做好外来人员记录，并确认本校接待人后方可同意其进入。放学时段，采取错时制和路队制，确保学生安全离校。由于上述措施到位，严格控制了社会闲杂人员进入校园，确保了学校正常的教育秩序。

2. 进一步加大校园隐患排查整改力度

学校实行校级领导包班制度，进一步加大巡查力度，对排查出的各类安全隐患，做到

早发现、早处理、整改迅速及时。每周放学后，值周值班教师对教室和办公室进行逐一检查，一方面检查学生是否在校内逗留，另一方面检查教室一体机、教师电脑、打印机及饮水机等电源是否关闭，以确保班级和办公室不存在任何安全隐患；对学生的学习用具和书包利用课间操时间进行不定期抽查，对存在的安全隐患和发现的问题做到及时上报汇总，校长第一时间召开会议，群策群力拿出解决方案，迅速采取措施进行整改，坚决防止任何不安全事件的发生。

3. 加强传染病预防管理

严格执行每天晨午晚检制度、通风制度、传染病报告制度，每天卫生消毒制度，不定期地对学生进行卫生和预防各类传染病知识宣传教育，杜绝各类传染性疾病在校园的发生，保障了学生的正常学习和教师的正常教学时间。

4. 加大硬件配备投入，增强校园安全防范能力

学校全方位、多角度、立体式铺设了数字高清摄像头，真正实现了校园监控无死角，各楼层走廊、楼梯、操场、校门、校园周边等主要位置一目了然，实现了对学校的各个角落的昼夜监控；为进一步加强学校安全防范建设和管理，校园警务室的一键式报警系统，定期进行测试，以保证随时与公安机关正常联网，遇有紧急情况通过一键式系统可以及时报警；加强对消防设施的维护和保养，对损坏的指示标志、应急灯，压力不足的灭火器、老化的消防水带等消防设施进行及时更换，进一步确保了学校的消防安全。

（四）应急预案，定期演练

学校每年组织开展消防应急疏散演练10次、地震应急疏散演练10次、突发食品卫生事件应急演练4次、防恐防暴演练2次。通过演练再次检验了学校应对突发事件的快速反应能力，更进一步增强了师生的安全意识，真正掌握了在危险中按照预定路线迅速逃生、自救、互救的基本方法，提高了师生抵御和应对紧急突发事件的能力。

学校消防演练暨安全教育活动

（五）安全教育，形式多样

抓好学生的安全教育是做好学校安全工作的治本之策，也是学校素质教育的重要内容。我校充分利用集会、班队会、宣传栏、手抄报比赛、校园广播、校园文化展板、专题讲座等形式，对学生进行安全知识教育。并利用中小学生安全教育日、国家安全教育日、防灾

减灾日等时间节点，有针对性地进行专题安全教育，增强了师生的安全意识、自我保护意识、自我防范意识，培养了学生的自护、自救能力。

秦都区英才学校"13530+1"安全教育模式：①每节课后1分钟可见安全提醒教育，提醒学生课间活动注意安全，上下楼梯靠右行，上完厕所后按时洗手；②每天放学前3分钟交通安全提醒教育，过马路靠右行，红灯停绿灯行，遵守交通规则；③每周五放学前5分钟安全教育，向学生讲解安全防护知识；④节假日前30分钟假期安全教育，强调各类安全问题，保障学生健康成长；⑤每周一升旗仪式后1分钟专题安全提醒教育。

学期初，开展安全教育"三个一"活动，即开学安全第一课、第一周国旗下讲话、第一次主题班队会，都围绕安全教育这一鲜明主题对学生进行各类安全教育，让师生内化于心、外化于行，增强安全知识，为终身发展奠基。

每周由值周领导、值周班级学生进行国旗下安全演讲，从交通安全、校园安全、食品安全、预防溺水、预防疾病、防电信诈骗等方面对学生进行安全知识教育和要求，极大地增强了学生防范意识和自我保护能力，牢固树立安全意识。

利用校园电子屏、黑板报、宣传栏、学生手抄报展板等多种形式营造安全教育的良好氛围，不断探索促进学生身心健康，创建平安和谐校园经验之路，为校园安全保驾护航。

利用全国中小学生安全教育日、全民国家安全教育日、全国安全生产月、民法典宣传月、网络安全宣传周、全国防震减灾日、5·17世界电信日、6·6全国爱眼日、6·26国际禁毒日、11·9全国消防日、12·2全国交通安全日、12·4国家宪法日等重要安全教育节点，召开主题班会、开展绘画、手抄报评比、国旗下讲话、征文比赛等丰富多彩的活动，进一步树立了全校师生的安全意识，提高了同学们自我防范、自我保护的能力。

进一步加强学生防性侵、防欺凌工作。学校制定了学生防性侵、防欺凌制度，完善了防治校园欺凌应急预案。把最高人民检察院《一号检察建议》和《强制报告》作为法治学习宣传内容，要求教师和班主任加强学习、宣传。以预防性侵、校园欺凌为重点，通过课堂教学、主题班会等进行宣传教育，校安全办组织定期开展排查，不定期开展突击检查，认真建立问题学生排查、心理疏导台账。

学校每学期定期对学生进行各类假前安全教育。针对防溺水、交通安全、食品安全、外出安全、用电安全、用火安全、特殊天气、居家安全等各方面的安全，对学生进行了全方位的安全教育、保障师生生命财产安全，增强学生安全防护意识，不断提高学生安全素养。

按照主管部门文件要求开展全市教育系统"安全生产月"活动的通知要求，学校在每年6月份开展"安全生产月"和"人人讲安全，个个会应急"的主题活动，开展校园安全知识讲座、安全知识课、安全发展研讨会，设立安全生产专栏，安全手抄报评比，组织学生观看安全科普宣传片等一系列活动，使全体师生了解安全知识、掌握安全防范技能、提高自护自救的能力。

二、多方协作，加强校园食品安全管理

校园食品安全关系着千家万户，不仅事关学生的健康成长和生命安全，同时也关乎学校和社会的安全稳定，做好学校食品安全工作既是一项重要的民生工程，也是一项重大的政治任务。要抓好校园食品安全，必须着眼严防结合，健全学校食品安全管理体系，提升学校食品安全保障水平，多方协作，扛起校园食品安全政治责任。

秦都区英才学校自建校以来，始终遵照习近平总书记关于食品安全工作"四个最严"的要求，严格执行《陕西省中小学食堂管理办法》，认真落实《校园食品安全守护行动方案（2020—2022年）》，落实主体责任，严管进货食材质量，严格执行校领导陪餐制，积极推进"互联网+明厨亮灶"，加强食堂日常管理，严密防范食源性疾病，坚决守住校园食品安全底线，保障师生生命健康安全。

（一）落实主体责任，构建管理体系

学校深入贯彻落实上级有关文件精神，与区教育局签订学校安全工作目标管理责任书，将学校食品卫生安全工作责任落实到学校的责任人，学校成立了食品安全工作领导小组，由袁×校长为组长，四位副校长及一位校长助理为副组长，各部门主任为成员。各学部成立了以教师代表、学生代表、家长代表等成员组成的委员会，全程参与学校食品安全的管理和监督。

学校积极构建食堂规范、高效、动态的管理体系，在不断地摸索实践过程中，逐渐形成了"一体四层五翼"管理体系：一体指学校落实食品安全主体责任，校长是食堂食品安全的第一责任人，分管校长具体负责，值班校长轮流监管。四层指学校副校长全员参与，分管副校长主抓食堂工作，全天候监管食品安全工作。其他三名副校长轮流值班参与货物质量验收、供餐全过程、就餐全过程和价格调控监管等工作。五翼指学校餐厅办、餐饮公司、行政中心、服务中心、家委会通力配合，各负其责。领导小组负责食堂人员的管理和食品的把关工作，监管学校食品安全，做到明确责任、强化监督、层层落实，严格实行学校食品安全责任制和责任追究制。

（二）健全规章制度，细化管理规范

学校不断完善校园食品安全管理制度，建立了涵盖食品采购、贮存、加工、制作、留样及餐饮具消毒、从业人员管理、领导教师试餐陪餐等方面的制度，全链条规范细化食品

安全管理，夯实学校食品安全基础。先后制定了《食品安全管理制度》《食堂菜品留样制度》《食品安全信息追溯制度》《餐饮服务过程控制制度》《场所、设施设备清洗消毒和维修保养制度》《食堂食品采购验收制度》《学校食堂食品采购索证管理制度》《食堂餐厨废弃物处置管理制度》《反浪费制度》《学校领导陪餐制度》《教师就餐管理要求》《食品安全事故应急处置制度》《食品安全应急预案》等，这些制度的制定和落实规范了食堂管理，使食品安全各项工作有章可循、有条不紊。

（三）加强人员培训，强化日常管理

为强化学校食品卫生安全意识，区教育局、区市场监管局、陈杨寨派出所每学年都会对学校管理人员定期进行食品卫生教育培训，对食品卫生相关法律法规、学校食品卫生安全、校园食品卫生安全事故处理等进行线上、线下培训。

学校推行食品安全总监制度，强化日常管理，实行精细化管理，落实"日管控、周排查、月调度"工作机制，加强对学校食品安全各个环节的监管和指导，通过不定期对学校食堂开展检查，对学校食堂在食品采购、食品卫生安全、价格等方面工作情况和管理的各个环节进行检查和指导，及时发现问题并解决问题，压紧压实学校食品安全主体责任，做到"源头严防，过程严管，风险严控"，全方位保证食品安全。

学校在食堂食品安全方面始终坚持"六个四"的原则：①食堂经营持"四证"，即卫生许可证、从业人员健康证、卫生知识合格证、司炉操作证；②食品卫生把"四关"，即采购关、贮存关、加工关、出售关；③食堂设施有"四防"，即防尘、防潮、防鼠、防蝇；④用具清洗施"四招"，即一洗、二刷、三冲、四消毒；⑤环境卫生搞"四定"，即定人、定物、定时、定责；⑥个人卫生要"四勤"，即勤洗手剪指甲、勤洗澡理发、勤洗衣服、勤换工作服。

对于食品的采购与进入，学校严格实行索票索证和建立台账的方式保证食品的安全准入；严格按照分类存放、离墙离地存放、先入先出、定期清理腐烂变质过期食品的原则把好食品的贮存关；食品的加工严格做到荤菜素菜分池清洗，生菜熟菜分开存放，使用的工具及时清洗干净分类摆放，所有工作人员必须按规定着装佩戴口罩，干制食品（如面包、馒头、包子等）必须使用规定的用具；所有使用的用具和餐具必须按时清洗消毒。

（四）完善硬件设施，营造安全环境

为了真正让学生"吃得好""吃得健康"，学校不断完善各类配套设施，最大限度地保障学生在校吃得有营养、安全成长。学校在原有基础上提升改造食堂结构，新添置了三台消毒柜、新修建了两台洗碗机和八口安全节能的炉灶。同时，科学布局，合理规划，因地制宜，设置了主副仓库、配菜间、加工间、售菜间、消毒间和换衣间，这些既单独成室，又相互联系。还进行"三防三化"(防鼠、防蝇、防火,地面硬化、窗沟网封化、门下铁皮化)等整改。此外,还聘请专业的有资质的消杀团队定期对餐厅和校园环境进行除四害消杀,让学校食堂设施更加人性化、安全化。

学校食堂环境

(五)加强宣传教育,多方协力共管

学校通过宣传栏、问卷调查、班会教育、手抄报、公众号推送等形式向学生、家长、教师普及营养科学知识和反浪费教育,树立科学的营养观念培养学生的饮食习惯和节约意识,努力营造全社会共同支持、共同监督和共同推进的良好氛围。本学期学校食堂更换了师生就餐桌椅,布置了餐厅文化墙,营造良好就餐环境,潜移默化对师生进行"厉行节约、反对浪费"教育,做好食品安全宣传教育工作。

学校餐厅通过监控设备接入"互联网+阳光食安",推行"互联网+明厨亮灶"模式,将食堂厨房重点区域、重要环节以及视频信息接入行政部门网页、App 以及第三方平台,以"实时直播"的形式,接受监管部门和社会的共同监督,提高了监管的科学性和精准性,真正实现了社会共治。此外,后勤服务中心联合工会及各学部午托负责人、教师代表不定期对学校餐厅进行食品卫生、食品安全及设备安全检查,学校餐厅监控设备正常开放,广大学生家长及学校餐厅管理人员可以通过查安康系统监管到餐厅的每一个操作环节,增加了餐厅工作的透明度,确保餐厅工作在大家的监督下质量和操作规范及食品安全得到有效保障,形成校园食品安全管理合力。

学校食堂节约粮食宣传标语

三、齐抓共管,织牢未成年人保护网

保护未成年人,是国家机关、武装力量、政党、人民团体、企业事业单位、社会组织、城乡基层群众性自治组织、未成年人的监护人以及其他成年人乃至整个社会的共同责任。因此各个组织及每个成年人都应在自己的职责及能力范围内履行保护未成年人的职责。学校是未成年人的第二密接主体,应当在全面提升未成年人的综合素质、促进未成年人全面发展的方向上努力履行教育职责和安全保障职责。

秦都区英才学校自建校以来,在市委市政府、市未成年人保护中心的关心支持下,全面贯彻国家教育方针,落实立德树人根本任务,坚持依法办学、依法治校,实施素质教育,弘扬社会主义核心价值观,提高教育质量,履行学生权益保护法定职责,切实把未成年人保护工作落到实处,为学校广大青少年健康成长营造了安全稳定的校园环境。

(一)健全保护制度,完善保护机制

学校围绕未成年人保护工作职责,遵循全面保护的原则,依据《中华人民共和国宪法》《中华人民共和国民法典》《中华人民共和国未成年人保护法》《中华人民共和国教育法》等法律,建立了未成年人监测预防、应急处置、评估帮扶、监护干预等相应工作机制,规范教师行为,规定教师应当尊重和保护的未成年人基本权利,包括学生在校园内的平等权、生命健康与自由、人格权、隐私权、受教育权、休息权、财产权、肖像权和知识产权、参与权、申诉权等权利。

学校按照《中华人民共和国未成年人保护法》的规定,针对学生欺凌、校园性侵害等社会关注度高、对学生合法权益损害重大的问题制定了专项保护制度,完善了相应的防治

工作机制。同时完善了校园性侵害、性骚扰的防治规定，明确了禁止教职工与学生谈恋爱等行为"红线"。

为确保校园安全秩序，学校实行校党委领导下校长全面负责、分管副校长主抓、政教处组织实施，年级组长、班主任及政治老师为骨干，全体教职工为基础，共同构建安全校园，坚决杜绝校园内不文明现象和违法乱纪现象，重视和加强对校内"问题学生"的跟踪帮教和转变工作。

（二）加强硬件建设，打造温馨救助环境

学校升级改造了多媒体教室、心理室、宣泄室、图书室、手工制作室、体育锻炼室等多个功能室，着力构建集救助保护、教育矫治、预防干预、服务保障等功能为一体的救助服务平台和保护教育基地。进一步加强了农村留守、困境儿童保护工作，提高了未成年人保护工作的质量和效率。

学校依据共青团陕西省委、陕西省《关于在全省开展"红领巾法学院"创建活动的通知》文件精神，设置青少年法治教育实体化阵地，多次开展"模拟法庭"活动，引导学生从小树立起规则意识和自我保护观念。

（三）整合社会资源，加强法治教育

为了更好地做好未成年人保护工作，做好青少年法治教育，学校聘请咸阳市检察院党组成员、副检察长王宇明为法治副校长，多次邀请市、区检察院领导莅临学校，举行法治宣传报告会，根据未成年人的身心特点，借助专业力量开展形式多样的未成年人保护、帮扶工作，用法律保护未成年人快乐健康成长。

学校积极与咸阳市中级人民法院、咸阳市教育局对接协作，联合开展以在校学生为主体的"普法大讲座""漫画法律""法律护航主题征文"等法治宣传教育系列活动。

学校多次邀请咸阳市检察院莅临我校举行"法治进校园"普法教育活动，为我校初中部学生进行法治教育培训，围绕《中华人民共和国未成年人保护法》《中华人民共和国预防未成年人犯罪法》等法律法规和典型案例为孩子们上生动、有趣的法治安全课，培养孩子们的法治思维，增强孩子们的自我保护意识。同时向学生传授校

法治讲座

园防欺凌等知识，引导学生明确法律底线和行为边界，强化规则意识，珍惜校园美好时光，远离罪恶，远离危害，好好学习，做一名懂法、守法、用法的中学生。

学校积极协调、组织社会团体和志愿者开展服务活动。多次邀请社会团体和志愿者走进我校为留守儿童开展服务活动，与孩子建立良好关系，引导孩子树立正确的世界观、人生观、价值观，培养孩子积极、乐观、勇敢、自信的优良品质，使他们健康成长。

四、践行绿色环保理念，赋能美好生态校园

习近平总书记指出，尊重自然、顺应自然、保护自然，是全面建设社会主义现代化国家的内在要求。必须牢固树立和践行绿水青山就是金山银山的理念，站在人与自然和谐共生的高度谋划发展。绿色学校创建工作是贯彻习近平生态文明思想、落实党的二十大精神的重要举措，是在国家提出的碳达峰碳中和的双碳战略的大背景下，对学校生态文明教育、节能减排、美丽校园工作的一次检验和总结，也是更长期落实生态文明教育、节能减碳、低碳学校及零碳学校创建的基础。

创建绿色学校，是全面推进素质教育，实施科教兴国和可持续发展战略的需要，是创建绿色校园，树立良好社会形象的一项重要工作。

为牢固树立社会主义生态文明观，深入贯彻国家、省、市、区关于垃圾分类文件精神要求，学校切实推进"垃圾分类进校园"工作，结合"美的风景 好的教育"特色办学理念，积极打造秦都区英才学校"124N 生态+"工作体系，即秉持一个工作原则（科学规划、全员参与、整体推进）；围绕四个工作环节（源头减量、资源利用、分级管理、属地负责）；聚力两个工作重点（加大宣传教育力度、"小手拉大手"）；争创"N"个"生态+"特色活动品牌。积极推进生活垃圾分类减量工作，引导全校师生践行环保理念，推进绿色生活方式，打造美好生态校园。同时倡导学生小手拉大手，达到"教育一个人，规范一个家庭，影响整个社会"的良好效果。自咸阳市作为全国试点城市推行城市生活垃圾分类工作以来，学校在实践中探索、在探索中创新，抓环境、转理念、导行为，有效提升了全校师生垃圾分类意识，师生垃圾分类知晓率、参与率均达 100%，准确率达 98% 以上，形成了垃圾分类"人人有责、人人尽力、人人作为"的良好氛围，垃圾分类活动已初见成效。

（一）建立联动机制，赋能"美好生态"长效管理

1. 四级联动，制度保障

学校成立了垃圾分类工作领导小组，构建了"行政干部、党员教师、班主任、学生干部"四级联动网格化工作体系，由学校校长牵头、各学部分年级负责、党员教师联系班级

组成责任链条，动员学校党总支、行政中心、服务中心、工会、各学部等全员参与，实现纵向到底、横向到边的全方位垃圾分类精细化管理。学校制定了《秦都区英才学校垃圾分类实施方案》《秦都区英才学校垃圾分类主题教育活动方案》《秦都区英才学校垃圾分类责任分工细则》《秦都区英才学校垃圾分类"党建+"网格化管理实施细则》等制度性文件。通过制度推动校园垃圾分类，完善处置体系，实现垃圾源头减量，保障科学分类、无害处理。

学校推行"小分类、大分流"的垃圾分类模式，日常垃圾分为有害、可回收和其他三类，餐厨垃圾和电子废弃物专项回收，简化流程，提高效率。

2. 创优评优，长效管理

学校将垃圾分类工作纳入常态化管理。在巩固垃圾处理成果的基础上，建立健全长效机制，使之制度化、经常化、长效化。同时在校内通过评选垃圾分类优秀宣传员、示范员、示范班等途径，树立典型，鼓励先进。根据日巡查记录（《秦都区英才学校生活垃圾分类情况督查表》）、周检查记录（《秦都区英才学校垃圾分类每周检查表》）、星级班级评比记录（《秦都区英才学校星级班级评比之卫生》），将垃圾分类的实施情况纳入"每周星级班级"评选标准和每月"文明办公室"的评估体系中，并将其作为年度先进班集体、优秀班主任、优秀德育导师推荐的重要参考依据。通过周评比、月考核及年底评优，大大提高了师生主动参与垃圾分类的积极性，有效提升了垃圾分类质量。

3. 加大投入，完善设施设备

学校向各部门、组（室）、班级发放垃圾分类宣传资料和垃圾袋，增设校园垃圾分类收集箱，班级分设可回收和不可回收垃圾桶。现设四处固定投放点，教室、办公室、楼道、部室均设投放箱，设施齐全。

4. 加强联系，密切协同

加强与属地政府、城管等部门的沟通协作，建立学校生活垃圾源头减量、分类投放、分类收置、回收处理的工作机制，并完善校园垃圾分类管理的收集储运体系。

（二）优化队伍建设，赋能"美好生态"育人格局

学校注重强化师资培训，坚持将生活垃圾分类相关知识分别纳入校长任职培训、环保师资培训、卫生人员岗位培训；以课程实施能力和指导能力为重点，培养一批骨干力量，组建专业师资团队。另外，我校每年优选30名教师组成垃圾分类宣传志愿团队，时刻督促师生在日常教学生活中对垃圾分类的行为养成。按照教育规律、生活垃圾分类、发展循环经济的理念，引导和组织学校和教师教育学生开展以生活垃圾分类、废弃物处置利用、发展循环经济为核心的环境教育和实践活动。

（三）依托宣传阵地，赋能"美好生态"理念入心

1. 立足课堂教学，打造垃圾分类主阵地

课堂是实施素质教育的主渠道，同时也是环保教育的好场所，我校鼓励教师在各科教学中，尤其是在思想品德、语文、自然、社会等学科的教学中有机地渗透环保教育；在班会课、道法课、科学课等学科中讲解垃圾分类知识，明确垃圾分类的重要性，注重引导规范学生垃圾分类行为，教师挖掘教材中有利于培养学生良好生活习惯的要素，通过巧妙地设计组织各类活动，实实在在推进垃圾分类教育。

学校"垃圾分类"主题班会

2. 强化班级阵地作用，文化育人创建氛围

班级是学生学习生活的主要场所，学校重视班级文化建设，张贴垃圾分类标语，设置垃圾分类投放箱。通过班级文化墙、图书角、黑板报等形式，宣传垃圾分类的技巧及方法，创建温馨、积极向上的班级氛围，在潜移默化中培养学生正确规范投放垃圾的好习惯。

3. 拓展多元宣传渠道，构建融合育人机制

走进校园，我们不仅利用楼道墙面、宣传牌进行氛围的营造，还通过学校网站、微信公众号、微信群、校园广播、电视台等多个平台宣传垃圾分类的理念。通过教职工大会、专题午会、班队会、

学校垃圾分类宣传栏

国旗下讲话、红领巾广播、板报、倡议书等形式开展垃圾分类普及教育，强化师生垃圾分

类减量意识，提升知晓率。在校园公共区域、所有班级、所有办公室，都配备了分类垃圾桶，垃圾桶上贴上"可回收""其他垃圾"标志和垃圾分类小技巧。

（四）优创课程建设，赋能"美好生态"内涵深化

学校坚持"垃圾分类课程化，内容鲜活化，目标行为化，过程活动化"的工作目标，构建"基础课程—提升课程—拓展课程"三位一体垃圾分类课程体系。推动学校垃圾分类教育规范化、科学化、专业化。

1. 基础课程

学校开展以班会为主、其他相关学科为辅的垃圾分类系列课程，每月第一周星期一的班队会定为环境教育主题会，开展了"举手之劳，改变世界""小小环保袋，还我美好心愿""小手拉大手"等各具特色的主题班队会。组织开展"垃圾我来分，知识我抢答"晨会活动，现场检验垃圾分类工作实效。组织道法、语文、自然、社会等学科教师开发了"垃圾分类"跨学科融合课程，以任务为驱动，指导学生在学科活动的实践中进行垃圾分类。

学校"垃圾分类"学科活动

学校"垃圾分类"主题手抄报

2. 提升课程

学校利用课后服务及课余时间组织垃圾分类主题活动。各班级成立了环保科技小组，认真收集信息，整理资料，进行环保知识的研究和探索。每学期学校开展垃圾分类演讲比赛、垃圾分类征文、垃圾分类手抄报作品展、垃圾分类知识竞赛、垃圾分类小明星竞选、编唱"垃圾分类"童谣，形成了"人人都是环保小卫士"的良好环保氛围。

3. 拓展课程

充分利用新时代文明实践活动的载体，"走出去"参观全市垃圾分类示范小区（渭滨苑小区），同时还积极参与学校门前沿街商铺宣传、农贸市场垃圾分类宣传，有效提高了全校师生和家长的环保意识和以实际行动参与垃圾分类的积极性。

（五）打造特色活动，赋能"美好生态"活力激发

学校坚持深化拓展"课程+活动"的垃圾分类宣传教育形式，通过各种形式的活动向师生、家长普及垃圾分类基本知识，提升垃圾分类践行率，实践过程中涌现了一批特色活动。

"生态+激趣小游戏"：为了提高学生对垃圾分类的学习兴趣，使学生变被动为主动学习。实践中，学校不断优化学习方式，创新学习举措，在体育课、科学课上独创垃圾分类闯关游戏，大大提高了师生学习垃圾分类知识的兴趣。游戏包含"知识介绍"和"闯关小游戏"两个部分，学生可以通过"知识介绍"了解各类常见的垃圾及其分类方法。"闯关小游戏"设有四关分类游戏，需选择正确目标并扣除错误目标的积分来过关，用时越少排名越前。学校通过开展竞赛活动，让师生在娱乐中掌握垃圾分类知识点，轻松学会正确投放各类垃圾，进一步提升垃圾分类的准确率。

学校"垃圾分类"主题活动

"生态+生活实践"：学校充分利用新时代文明实践活动的载体，走出去参观全市垃圾分类示范小区（渭滨苑小区），同时还积极参与学校门前沿街商铺宣传、农贸市场垃圾分类宣传，有效提高了全校师生和家长的环保意识和以实际行动参与垃圾分类的积极性。

"生态+大手拉小手"：学校积极开展"小手拉大手"垃圾分类减量系列活动。学校、家庭、社区三结合多形式、多途径开展以垃圾分类为主要内容的宣传互动活动，倡导节约、环保、低碳的生活理念，带动家庭、社区关注垃圾分类减量，并积极配合、参与学校的相关活动，携手共建勤俭节约、绿色环保的美丽家园。

"生态+光盘行动"：学校开展"光盘行动"，值日教师、团队干部组成检查团，每日对各班午餐情况进行跟踪检查，督促学生避免"舌尖上的浪费"，从源头上实现垃圾减量，倡导学生争做"光盘行动"的践行者、推广者、监督者，促使全校上下形成一种厉行节约、弘扬节俭的良好氛围。

"生态+队日活动"：学校积极探索垃圾分类与队日活动结合新形式，各年级开展"垃圾分类减量，从我做起"主题队日活动，以知识竞赛、十分钟队会、签名等形式进行垃圾分类减量活动，强化了学生垃圾分类减量的意识，提高了学生参与活动的自觉性和积极性。

学校"厉行勤俭节约，反对餐饮浪费"签名活动

第五节 队伍建设

教育大计，教师为本。巩固发展更加公平而有质量的基础教育，建设高素质专业化教师队伍，是2022年全国教育工作会议定下的目标。作为知识的传播者和人类灵魂的工程师，教师是教育生产力中最活跃的要素。学校是教师成长的摇篮，在新时期，培养造就高素质、专业化、创新型的中小学教师队伍，是学校提升办学质量、落实各项政策时不可回避的命题。一支有激情、高素质、富有创新精神的教师队伍是学校可持续发展的灵魂。

基于教育界的新变化、新要求，学校如何搭建本校培训体系，构建起完备的教师成长渠道？如何开展师德师风建设，培育教师综合素养？如何激发教学积极性，从而增强教师在育人过程中的主人翁意识？以上是学校办学治校过程中需要深入思考的问题，秦都区英才学校自建校以来便用"培养提高、引进置换、高位均衡"的举措调整师资结构，强化教师队伍，优化育人功能，将学校教育教学工作推向新的高度，多措并举，打造卓越教师队伍。

一、重培养，强队伍

培养提高，塑造内在动力。学校积极推动各项人才培养计划，加大教师队伍培养力度；加强师德师风建设的督促，增强教师责任感和使命感，使教师能够更好地履行职责，做到为人师表、教书育人；通过组织各种形式的学习和培训，提高教师专业素养，提高教育教学水平；开展各种形式团队协作活动，增强教师之间的凝聚力和合作意识，使教师能够更好地为学生提供优质教育服务。

（一）优化管理队伍建设，培养高水准管理人才

学校围绕"美好"办学理念建立起一套具有针对性、创新性、系统性的管理措施和人才培养制度体系，坚持"用心引才 倾心育才 全心用才 真心留才"。一是实行扁平化管理。学校设立"三学部二中心"组织架构，实行层级管理与扁平化管理交互的管理模式，下移管理重心，提高管理效率。二是推行民主化管理。依托校长轮流值周制度吸收一线教师及优秀学生参与学校管理，轮流担任值周校长助理，便于了解师生情况，倾听师生心声，提升师生参与学校管理的积极性，增强师生主人翁意识。三是争取高层次人才引进指标，将三级三类骨干教师补充到行政干部队伍，采取干部交流轮岗等方式，加强管理人员理论学习、业务学习，精准施策培育管理人才。四是人性化管理增强文化认同。通过教师才艺社团、集体生日会、生日鲜花等措施增强教师职业幸福感。

（二）健全激励机制，激发教师成长动力

教师激励体系是一种旨在提高教师工作积极性、激发教学潜能和提高教育质量的制度安排。通过设置一系列奖励措施，激发教师的教学热情和责任感。一个完善的教师激励体系应该综合考虑教师的物质需求和精神需求，激发他们的教学热情，提高教育教学质量。同时，激励体系应具有公平、公正、公开的特点，让教师在努力工作的同时，感受到职业的成就感和自豪感。

1. "新一欣一心"教师评价体系

秦都区英才学校秉持"以人为本、与人为善、对人负责、助人成功"的教师发展理念，追求"快乐工作、优雅生活"的教育理想，学校加强教师队伍建设，引领教师专业成长。基于学校年轻教师较多的情况，我校实施"新一欣一心"教师评价体系：两年成为教坛新秀，三年形成风格，五年成为学校教学明星和骨干力量（附录9）。学校每年组织新任教师亮相课、青年教师汇报课、骨干教师示范课、"名校+"全过程评优课、中考备考研讨课等，聘请学科专家指导，以赛促教，让教师在竞争中成长，始终保持敏于学习、勤于思考、勇于超越、乐于分享的幸福职业状态。

2. "三星班主任"评价体系

为聚焦立德树人根本任务，大力弘扬崇高师德，进一步加强班主任队伍建设，我校创设"星级"班主任评价体系，每学年通过量化考核评选出勤勉刻苦、专业突出的优秀班主任。通过表彰、宣传优秀班主任的先进事迹，以榜样力量激励广大教师厚植教育情怀、提升教育智慧、精进管理水平，致力于打造一支师德高尚、学养深厚、倾心育人、乐于奉献的班主任队伍，推动学校教育高质量发展。

三星班主任视频

（三）加强校本研修，打造专业化教师队伍

苏霍姆林斯基说：如果你想让教师的劳动能够给教师带来乐趣，使天天上课不至于变成一种单调乏味的义务，那你就应当引导每一位教师走上从事研究这条幸福的道路上来。只有当教师成为教育教学的积极参与者、研究者和实践者时，教师的教育智慧才能得到充分地发挥，才能有效地激发学生的创新潜能，也才能真正感受教师职业的乐趣。

目前，我国教师职业中普遍存在这些现象：处于"搬运工""经验型"层面的教师多，机械执行者、盲目模仿者较多，怀抱着旧有惯例、热衷于操作训练者较多，而研究型、勇于探索、积极创造的教师少。这些现象迫切需要通过校本研修、课程改革等方式改变。

校本研修是在校本教研和校本培训的基础上逐渐衍生出来的。校本研修是一种以教师任教学校为场所，以教师为主体，以研究学习为途径，以组建包括专家教授、学校领导、教研人员和普通教师的共同体为研修平台，以促进学生、教师和学校的自主发展为主要目的，融教学研究与教师培训于一体的教师教育形式。校本研修由"研"和"修"组成，两者密不可分，"研"中有"修""修"中有"研"，"研"的过程即是"修"的过程，其需以实践和学习为中心。

秦都区英才学校围绕"美的风景 好的教育"办学理念，立足本校实际，以新课标理念为指导，以新课程改革为核心内容，积极探索建立基于"三研三立"教师发展培养模式的校本研修机制，着力通过研师、研课、研训，不断提高教师专业化水平，实现立德、立新、立教的教师发展目标，打造一支政治素质优良、业务基础坚实、实践经验丰富、创新意识浓厚、整体结构合理的学习型、研究型教师队伍，推动学校教学质量和育人水平整体提升，为学校教育教学高质量发展凝聚不竭动力。

（四）健全组织机制，强化研修管理

学校高度重视校本研修工作，健全组织，成立了校本研修领导小组和考评小组，由校长任组长、分管教学副校长具体负责、各学部组织实施，每周参加不少于两次学科教研活

动,并定期召开会议加强对校本研修工作的指导。

学校倡导"研修目标人本化、层次化"原则,领导小组讨论确立研修目标,制订学期、学年与中长期校本研修规划,使培训工作常态化、制度化。学校制定和完善了《秦都区英才学校教学常规考核制度》《秦都区英才学校教学工作计划》《秦都区英才学校校本研修方案》等制度与方案(附录10、附录11),对学校的教研活动进行规范。要求学科组制订自己的教研组计划,有研修主题,有具体落实的措施,保证教研活动落到实处。

(五)强化督导考评,激发研修活力

学校不断完善激励机制,安排充足的经费支持开展校本研修工作,建立研修档案资料,对不同教师提出了不同的培训目标,把研修成绩记入教师业务档案,作为评优和考核的必备条件,并对教师研修学习的出勤率、学习态度、学习成绩等与学校的绩效考核、年度考核直接挂钩。每学期开展不少于三次全校范围内的校本研修常规督导检查,对教师的参与率、目标达成率等作了严格的记录及考评;认真记录每次研修内容,并及时总结认真开展动员、阶段性总结及全面总结,提高研修效率(附录12、附录13)。

(六)创新培养模式,拓展研修路径

1. 拜师结对模式

学校实施"青蓝工程",对新进教师的培养学校采取了拜师结对的形式,每学期开展师父示范课、每月开展名师示范课活动及徒弟阶段性汇报课,促进"青蓝工程"取得实效(附录14至附录18)。

2. 分层培养模式

学校为不同老师制定分层培养目标,针对青年教师实施"强师计划",要求培养教师每周上好一节微型课,每两周在录播教室完成一次录课,每月发送一节优质课至学校钉钉群由全校教师进行点评或邀请专家点评指导,月末和学期末参与阶段成果汇报展示活动;针对骨干教师实施"名师工程",把积极进取、工作富有成效、业务素质高、有经验有潜力的教师选拔出来,进行有针对性的培养和管理,让"名师"快速成长的同时以点带面,发挥榜样示范和辐射作用,在校园内营造良好学习氛围,促进良好教风、学风和校风的形成(附录19、附录20)。

3. 案例研修模式

学校通过学科组内常态化"一示范两公开"、集体备课、课堂技能大赛等活动,引导教师互学互鉴,参与教学研讨,运用新课标理念,对课例进行分析、模仿、借鉴,领悟新颖的教学理念与教学方式,启迪自己的课堂教学,取得了良好成效。

秦都区英才学校教学评析（教学心得）表

授课人		年级		科目			评课人	
时 间		课题						

教学评析	
上课照片	
教学反思	

4. 课题研究模式

对于教师而言，教学是果，科研是根。一个教师想要把教学做好，就得不断研究教学内容和教学手段，以科研思路去重新审视教学过程，发现问题，思考问题，并通过教学实践使其得到证明，从而使教学工作走向最好的方向。所以，课题研究不仅是教师自我发展、自我提高的重要渠道，更是教师职业化发展的需要。

秦都区英才学校以课题研究为抓手，促进教师专业发展。深入推进四级课题研究工作，立足校本课题，积极申报省、市、区级课题研究，促进全体教师向"科研型"教师发展。本学期学校 5 项省市级课题获准立项，另外学校大力推进校级课题研究，做到人人有课题、人人有研究。同时学校着力于校本课程的开发与研究，围绕区级重点科研课题，在"立足校本，整合资源，拓展课堂"方面形成学校特色，本学期学校"古愚书院进校园""袁×家庭教育""劳动实践教育"等德育校本课程取得了良好的育人效果，并在区域内推广、运用（附录 21、附录 22）。

5. 专家引领模式

学校充分发挥名师工作室的辐射引领作用，聘请各级专家到校指导，进一步提高教师的专业素养。2023 年共计聘请各级专家 10 人次指导学校和教师发展。2023 年 9 月学校邀请了陕师大教授、西工大附中专家围绕新课标和教师成长开展讲座，邀请了 5 位陕西省教学名师进行了精彩的现场课堂展示和名师讲座（附录 23）。

6. 以赛促学模式

学校坚持以比赛为契机，提升教师综合素养。举办青年教师课堂教学比赛、"教学设计大赛"、"硬笔字、粉笔字比赛"、"说课比赛"、教学能手大赛、青年教师"班会课案例设计"比赛、讲题大赛、队会活动设计比赛、"团课"比赛等活动，进一步提升教师专业素养，扩大学校中青年骨干教师队伍（附录 24 至附录 30）。

7. 教育共同体研修模式

学校通过新时代城乡教育共同体建设，不断促进区域优质教育资源共建共享，加强校际研修沟通，引领和带动共同体学校开展校本研修活动，将课题研究成果推广至共同体学校，有效促进了教学质量的提升。

8. "五个一工程"研修模式

学校坚持落实市局"五个一"名师引领行动的要求，充分发挥学校名师的引领、示范、辐射效应，每学期举行"名师课堂"教学观摩活动，扎实开展"讲一节精品课""写一份读书感悟""设计一个单元作业""做一次安全提醒""设计一次家访"系列活动，促进教师专业化成长，为教育教学工作高质量发展赋能增效。

（七）丰富培训内涵，提升研修实效

1. 深化师德师风培训，涵养职业道德

教师是立校之本，师德是教育之魂。为贯彻《教育部关于进一步加强和改进师德建设的意见》精神，全面提高教师思想政治素质、职业道德水平和业务能力，努力锻造作风过硬、师德高尚的教师队伍。我校切实加强师德建设，积极打造秦都区英才学校"135N"工作体系，即紧紧围绕努力办人民满意的教育这一宗旨，聚力 3 个抓手（师德教育、师德评估、师德实践活动），明确 5 个培育重点（铸师魂、育师德、树师表、正师风、练师能），争

创 N 个特色活动品牌。

学校严格落实师德师风第一标准。把师德表现作为岗位入职、绩效考核、职称评聘、岗位聘用和奖励表彰的首要要求。学校要求全体教职工定时定期学习并严格遵守新时代职业行为十项准则要求。要求教师恪守职业道德，爱岗敬业，治学严谨，关爱学生，为人师表。为了进一步完善师德考评机制，学校制定了《教学事故认定及处理规定》《劳动纪律与考勤制度》《教师日常行为礼仪规范》等规定，对教师日常行为举止都有严格明确规范，努力把好教师入职师德关、日常师德监督关，实行师德"一票否决制"。学校充分利用党委会、行政会、教职工大会、党员大会、年级教师会、教研会等主阵地，组织广大教职工认真学习教育部《关于加强和改进新时代师德师风建设的意见》《中小学教师违反职业道德行为处理办法》、陕西省教育厅《陕西省中小学教师违反职业道德行为处理实施细则》以及市、区局相关文件和学校相关规定。

学校通过微信公众号、视频号、橱窗、板报、电子显示屏、廉政文化墙等传统媒体宣传警示，营造师德师风建设的良好氛围，提高教职工的思想政治觉悟和师德修养。学校通过丰富多彩的师德师风建设活动，不断创新师德师风建设工作形式，激发工作活力。

学校教师培训活动照片

2. 夯实教学常规研修，提高专业素养

学校为每位教师制定《教师专业成长手册》《教师业务学习笔记》，要求教师每学年听课至少 30 节、阅读至少 2 本教育专著、撰写至少 2 篇反思类文章与 2 篇学习心得、完成至少 1 万字读书笔记。要求学科组扎实开展教研活动，进行集体备课，要求教学设计很好地体现素养导向、以生为本的原则。教学目标明确、可达成、可操作、可检测，布置适量、针对性强、形式多样的课后作业。

教师业务学习笔记

3. 加强新课程研修，推进理念更新

学校把学习、实践、验证新课程理念，作为师资研修的重点任务来重点学习。加强通识研修，做到课前反思新旧教材有哪些不同、新课改的理念如何渗透、学科素养如何落实、运用怎样的教学策略等；课中根据教学实际，反思如何调整教学策略；课后反思自己的这节课达到了什么目标、用了什么教学策略、有哪些成功之处等，帮助教师寻找课堂教学的优点与创新之处，寻找问题与不足，捕捉隐藏在教学行为背后的教育观念。

4. 探索高效课堂研修，提升质量意识

学校要求教师深入研读新课标，认真践行"2155"高效课堂模式，即课堂组织按照"20 分钟新授课 +10 分钟小组合作探究 +5 分钟核心素养课堂小结 +5 分钟课堂练习检测"进行。要求全体教师在充分学习新课标和新教材的基础上具备"大单元教学"意识，注重"教—学—评"一体化设计，坚持以评促学、以评促教，真正培养学生的核心素养，培养学生的综合能力，体现课堂的育人价值，促进教育教学质量提升。

主要教育教学成效如下：

经过 5 年的不懈努力，学校教师队伍整体水平不断提升，我校教师在各级各类教学科研评比中获得多个奖项。2023 年，学校 20 位老师被评为省市区先进个人；6 位老师荣获市区级基础教育教学能手称号；2 位教师在咸阳市教育局组织开展的 2023 年度中小学思政课教师"大练兵"市级展示评审活动中荣获"教学骨干"称号；4 位教师被授予"秦都区教育系统师德标兵"。2023 年，我校共有 1 项市级课题结题，16 项区级课题结题，1 项省级课题立项，5 项市级课题立项，15 项区级课题立项，52 项校本课题立项，多位老

师在秦都区诗词大赛活动中获奖，100余名老师在"专任教师'五个一'专业发展行动""咸阳市教育科技金秋优秀教育教学成果""秦都区教育教学成果评"等各级各类省市区教学成果评选活动中获奖。2023年共同体学校教师队伍建设取得显著成效，3所成员校共有20余名教师在区级以上教育教学成果评选活动中获奖，1项市级课题结题，5项区级课题获准立项。崔××老师获得秦都区教学能手称号。

获得集体、个人教育质量获奖情况统计表（节选）

学校：秦都区英才学校

授予时间	获得称号	级别	授予单位	获得者	备注	授予时间	获得称号	级别	授予单位	获得者	备注
2020.8	2020年全国微课（程）优质资源展示会壹等奖	国家级	教育部基础教育课程改革研究中心	何蕊华		2021.9	陕西省第八届优秀教学设计二等奖	省级	陕西省教育协会	王博林	
2023.6	义务教育学校作业管理与设计案例	省级	陕西省教育学会	阮诗梅		2021.9	陕西省第八届优秀教学设计二等奖	省级	陕西省教育协会	李星	
2023.4	第二届中小学课堂教学创新大赛三等奖	省级	陕西省教育学会	任园		2021.9	陕西省第八届优秀教学设计二等奖	省级	陕西省教育协会	陈凡	
2022.8	陕西省第十六届优秀教科研论文与成果一等奖	省级	陕西省教育学会	苗典		2021.9	陕西省第八届优秀教学设计二等奖	省级	陕西省教育协会	贺琪琪	
2022.8	陕西省第十六届优秀教科研论文与成果一等奖	省级	陕西省教育学会	张园园		2021.9	陕西省第八届优秀教学设计二等奖	省级	陕西省教育协会	米欢乐	
2022.8	陕西省第十六届优秀教科研论文与成果一等奖	省级	陕西省教育学会	孙静		2021.9	陕西省第八届优秀教学设计二等奖	省级	陕西省教育协会	文香娟	
2022.8	陕西省第十六届优秀教科研论文与成果二等奖	省级	陕西省教育学会	陈文		2021.9	陕西省第八届优秀教学设计二等奖	省级	陕西省教育协会	王倩	
2022.8	陕西省第十六届优秀教科研论文与成果二等奖	省级	陕西省教育学会	刘敏		2021.9	陕西省第八届优秀教学设计三等奖	省级	陕西省教育协会	张静	
2022.8	陕西省第十六届优秀教科研论文与成果二等奖	省级	陕西省教育学会	张靓		2021.9	陕西省第八届优秀教学设计三等奖	省级	陕西省教育协会	赵萍	
2022.8	陕西省第十六届优秀教科研论文与成果二等奖	省级	陕西省教育学会	陈豪		2021.9	陕西省第八届优秀教学设计三等奖	省级	陕西省教育协会	惠菁	
2022.8	陕西省第十六届优秀教科研论文与成果二等奖	省级	陕西省教育学会	李丹阳		2021.9	陕西省第八届优秀教学设计三等奖	省级	陕西省教育协会	刘敏	
2022.8	陕西省第十六届优秀教科研论文与成果三等奖	省级	陕西省教育学会	段晨颖		2021.9	陕西省第八届优秀教学设计三等奖	省级	陕西省教育协会	关艳培	
2022.8	陕西省第十六届优秀教科研论文与成果三等奖	省级	陕西省教育学会	师雨馨		2021.9	陕西省第八届优秀教学设计三等奖	省级	陕西省教育协会	陈露	
2022.8	陕西省第十六届优秀教科研论文与成果三等奖	省级	陕西省教育学会	李豆薇		2021.9	陕西省第八届优秀教学设计三等奖	省级	陕西省教育协会	李豆薇	
2022.8	陕西省第十六届优秀教科研论文与成果三等奖	省级	陕西省教育学会	薛超凡		2021.9	陕西省第八届优秀教学设计三等奖	省级	陕西省教育协会	穆欢欢	
2022.8	陕西省第十六届优秀教科研论文与成果三等奖	省级	陕西省教育学会	张秋敏		2021.9	陕西省第八届优秀教学设计三等奖	省级	陕西省教育协会	井慧娟	
2022.8	陕西省第十六届优秀教科研论文与成果三等奖	省级	陕西省教育学会	张莹		2021.9	陕西省第八届优秀教学设计三等奖	省级	陕西省教育协会	孙君佩	
2022.8	陕西省第十六届优秀教科研论文与成果三等奖	省级	陕西省教育学会	牛欣		2021.9	陕西省第八届优秀教学设计三等奖	省级	陕西省教育协会	任文莉	
2021.9	陕西省第九届优秀教学设计一等奖	省级	陕西省教育协会	张莹		2021.9	陕西省第八届优秀教学设计三等奖	省级	陕西省教育协会	陈恒	
2021.9	陕西省第九届优秀教学设计一等奖	省级	陕西省教育协会	关艳培		2021.9	陕西省第八届优秀教学设计三等奖	省级	陕西省教育协会	郝燕燕	
2021.9	陕西省第九届优秀教学设计一等奖	省级	陕西省教育协会	薛超凡		2021.9	陕西省第八届优秀教学设计三等奖	省级	陕西省教育协会	阮诗梅	
2021.9	陕西省第九届优秀教学设计一等奖	省级	陕西省教育协会	南玉钰		2021.9	陕西省第八届优秀教学设计三等奖	省级	陕西省教育协会	杨欢	
2021.9	陕西省第八届优秀教学设计一等奖	省级	陕西省教育协会	鱼蔚林		2021.9	陕西省第八届优秀教学设计三等奖	省级	陕西省教育协会	耿晨曦	
2021.9	陕西省第八届优秀教学设计一等奖	省级	陕西省教育协会	张红媛		2021.9	陕西省第八届优秀教学设计三等奖	省级	陕西省教育协会	师欢欢	
2021.9	陕西省第八届优秀教学设计二等奖	省级	陕西省教育协会	张静		2021.9	陕西省第八届优秀教学设计三等奖	省级	陕西省教育协会	金娟	
2021.9	陕西省第八届优秀教学设计二等奖	省级	陕西省教育协会	冯晓蓉		2021.9	陕西省第八届优秀教学设计三等奖	省级	陕西省教育协会	赵克翠	

授予时间	获得称号	级别	授予单位	获得者	备注
2021.9	陕西省第八届优秀教学设计三等奖	省级	陕西省教育协会	田甜	
2021.9	陕西省第八届优秀教学设计三等奖	省级	陕西省教育协会	冯米佳	
2021.9	陕西省第八届优秀教学设计三等奖	省级	陕西省教育协会	文奕	
2021.9	陕西省第八届优秀教学设计优秀奖	省级	陕西省教育协会	王誉龙	
2021.9	陕西省第八届优秀教学设计优秀奖	省级	陕西省教育协会	贾佳	
2021.9	陕西省第八届优秀教学设计优秀奖	省级	陕西省教育协会	赵倩	
2021.9	陕西省第八届优秀教学设计优秀奖	省级	陕西省教育协会	焦怡	
2021.9	陕西省第八届优秀教学设计优秀奖	省级	陕西省教育协会	杨静静	
2020.9	陕西省第八届优秀教学设计优秀奖	省级	陕西省教育协会	卓越	
2020.10	陕西省"悦享智慧课堂"教学设计二等奖	省级	陕西省教育信息化管理中心	孙君佩	
2020.10	陕西省"悦享智慧课堂"教学设计三等奖	省级	陕西省教育信息化管理中心	冯晓蓉	
2020.10	陕西省"悦享智慧课堂"教学设计三等奖	省级	陕西省教育信息化管理中心	常婧	
2020.10	陕西省第五届中小学微课与信息化教学创新大赛暨教育信息化应用案例二等奖	省级	中国科技出版传媒股份有限公司	薛超凡	
2020.10	陕西省第五届中小学微课与信息化教学创新大赛暨教育信息化应用案例三等奖	省级	中国科技出版传媒股份有限公司	张秋敏	
2023.11	咸阳市思政大练兵教学骨干	市级	咸阳市教育局	赵萍	
2023.11	咸阳市思政大练兵教学骨干	市级	咸阳市教育局	贾凯慧	
2023.9	咸阳市教学能手	市级	咸阳市教育局	赵萍	
2023.9	咸阳市教学能手	市级	咸阳市教育局	任晓侠	
2023.9	咸阳市教学能手	市级	咸阳市教育局	胡楠楠	
2022.7	咸阳市教学能手	市级	咸阳市教育局	刘敏	
2021.4	咸阳市教育科技金秋优秀教学论文和教研成果评选一等奖	市级	咸阳市教育学会咸阳市教育教学研究室	李改妮	
2021.4	咸阳市教育科技金秋优秀教学论文和教研成果评选一等奖	市级	咸阳市教育学会咸阳市教育教学研究室	贾佳	
2021.4	咸阳市教育科技金秋优秀教学论文和教研成果评选一等奖	市级	咸阳市教育学会咸阳市教育教学研究室	张昊	
2021.4	咸阳市教育科技金秋优秀教学论文和教研成果评选一等奖	市级	咸阳市教育学会咸阳市教育教学研究室	李雪婷	
2021.4	咸阳市教育科技金秋优秀教学论文和教研成果评选二等奖	市级	咸阳市教育学会咸阳市教育教学研究室	王哲妮	
2021.4	咸阳市教育科技金秋优秀教学论文和教研成果评选二等奖	市级	咸阳市教育学会咸阳市教育教学研究室	焦怡	
2021.4	咸阳市教育科技金秋优秀教学论文和教研成果评选二等奖	市级	咸阳市教育学会咸阳市教育教学研究室	李豆薇	
2021.4	咸阳市教育科技金秋优秀教学论文和教研成果评选二等奖	市级	咸阳市教育学会咸阳市教育教学研究室	刘萌	
2021.4	咸阳市教育科技金秋优秀教学论文和教研成果评选二等奖	市级	咸阳市教育学会咸阳市教育教学研究室	李丹阳	
2021.4	咸阳市教育科技金秋优秀教学论文和教研成果评选二等奖	市级	咸阳市教育学会咸阳市教育教学研究室	陈豪	
2021.4	咸阳市教育科技金秋优秀教学论文和教研成果评选二等奖	市级	咸阳市教育学会咸阳市教育教学研究室	南玉钰	
2021.4	咸阳市教育科技金秋优秀教学论文和教研成果评选二等奖	市级	咸阳市教育学会咸阳市教育教学研究室	王珂	
2021.4	咸阳市教育科技金秋优秀教学论文和教研成果评选二等奖	市级	咸阳市教育学会咸阳市教育教学研究室	薛超凡	
2021.4	咸阳市教育科技金秋优秀教学论文和教研成果评选二等奖	市级	咸阳市教育学会咸阳市教育教学研究室	陈露	
2021.4	咸阳市教育科技金秋优秀教学论文和教研成果评选二等奖	市级	咸阳市教育学会咸阳市教育教学研究室	闫丽娟	
2021.4	咸阳市教育科技金秋优秀教学论文和教研成果评选三等奖	市级	咸阳市教育学会咸阳市教育教学研究室	穆欢欢	

二、重人才，强引进

重培养，强队伍引进置换，注入新鲜血液。学校认为，要实现长足发展，必须引进一批具有先进教育理念和教学技能的教师，通过置换的方式，改变学校原有教育生态，为学校教育教学注入新的活力。为了实现这一目标，学校积极推进人才引进工程，以"待遇留人、事业留人、情感留人"的人才管理模式吸引了一大批优秀教师加盟。

引进优质师资高位均衡，提升教师素质。在引进置换的基础上，学校提出了"高位均衡"理念。学校认为要提升教师队伍的整体素质，需要从两个方面入手：一是提高教师的教育教学水平；二是实现教师资源的均衡配置。为此，学校积极开展各类教育培训，实施师徒结对，建立教学资源库，强化绩效考核，帮助教师及时更新教育观念，提高教育教学水平，为学生学习提供更好保障，对表现优秀的教师给予奖励和晋升机会，从而激励全体教师不断进步。

注重师资培养这一理念的落实使学校师资力量得到了显著增强，教师们的素质和教学水平得到了大幅提升，提高了学校教育教学的整体竞争力，为学生的全面发展提供了有力保障。加强顶层设计，绘就治校愿景。建校以来，秦都区英才学校呈现出崭新的面貌：校园环境持续改善，校园文化不断丰富，师生文化自信逐步增强，学校管理科学规范，学生素质全面提升，教师队伍长足进步，教育教学质量稳步提高，学校的办学水平和综合实力显著提升。

第六节 核心素养落地的行动自觉

2022年4月，义务教育新课标颁布，"让核心素养落地"，是本次课程标准（以下简称"课标"）修订的工作重点。核心素养导向，既是课标研制工作的主线，也是课标文本的主旋律。学生素养发展，贯穿课标全文本，隐含在课程内容及教学实践中，体现在课程学习结果的具体描述中。例如，数学学科提出应培养学生具有如下素养：会用数学的眼光观察现实世界、会用数学的思维思考现实世界、会用数学的语言表达现实世界。那么，如何才算具有了数学的"眼光""思维""语言"，有什么样的表现才能判定学生是"会用"了，能够观察、思考、表达现实世界中的什么样的问题，才算是"会"了？这就既需要有课程目标的总体指向，需要内容的选择、组织，还需要在各部分内容的"学业要求"及最终的"学业质量"部分中，作具体的描述，使核心素养不再是空洞的语词口号而变成学生真实的能力、品格和价值观。

"核心素养的核心是必备品格和关键能力，它的落地需要有校本化的表达，需要以课程框架构建为支撑。"结合当前社会和教育所面临的新格局和新挑战，秦都区英才学校确立了以"实现课程内容的结构化、强化学科实践和跨学科主题实践、强化素养导向的质量观、做好学段衔接、考虑课程实施的保障"为培养学生核心素养的着力点，从结构化教学、跨学科主题学习和课程实施保障三个方面，探索核心素养落地的举措和路径。

为推进学校特色课程建设，促进学生全面发展，满足学生个性化学习需要，充实学生的校园生活，秦都区英才学校开设"基础—拓展—提升"三阶26门形式多样、内容丰富的校本课程，构建有助于学生多元化发展、个性化提升的"五彩"学科素养课程体系。

丰富多彩的校本课程有效促进了学生的全面、个性发展，提升了学生的综合素养。学校将继续践行"快乐、健康、学习"的办学理念，推进校本课程的建设与发展，打造更具英才特色的课程体系。

核心素养构成图　　　　　　　　　　　义务教育课程安排表

一、课程建设

（一）立足核心素养 优化课程建设理念

课程是一所学校的灵魂，课程结构决定人才结构，课程质量决定人才质量。课程是学校核心，决定了我们培养怎样的人；课堂是课程的核心，决定了我们用怎样的方式培养人；教师是课堂的核心，建课程、研课堂的主体是教师。教师通过建设课程和改进教学提升课程领导力和课堂研究力，这才是教师专业发展的根本路径。一所学校要想拥有核心竞争力，就需要在建课程、研课堂上持续发力、深耕不已。秦都区英才学校对已有课程进行全面的审视和调整，根据实际情况和课程资源，做好学校和教研组的顶层设计，并且形成"1+N"和"N+1"策略。

"1+N"和"N+1"策略包括：①课程框架重塑路径之一（1+N），"1"指的是学科类课程，"N"指的是指向素养提升的其他课程，"1+N"就是将学科类课程和其他课程进行整合，形成跨学科课程，进而形成跨学科主题的课程群；②课程框架重塑路径之二（N+1），"N"指的是跨学科课程某些主题内容，"1"指的是学科类课程，"N+1"将跨学科课程某些主题内容，反哺学科课程，进而形成学科跨学科主题的内容。

1. 学校课程体系建设基本思路

第一，完善学校显性课程体系，实现三级课程育人上的有效互补。

显性课程，通常是指学校有计划地列入课程表内的所有课程，以直接明显的方式呈现，是有目的、有计划、有组织的学习活动。在三级课程管理体制下，国家、地方、校本课程便形成了学校显性课程体系。

其一,是提高国家课程实施质量,落实基础育人目标。国家课程是国家教育行政部门规定的统一课程,它体现了国家对学生素质的基本要求,是国家意志的体现,所以课程建设与实施,首要的是高质量地落实国家课程,促进学生全面发展。具体从以下两方面入手:①部分国家课程与地方、校本课程整合实施,提高效益;②针对地方课程与部分国家课程内容的交叉、重复问题,学校将地方课程《安全教育》《环境教育》《人与自然》《人与自我》与国家课程中的道法、科学、综合实践活动课程整合实施,将《传统文化》与阅读教学整合实施,整合内容,整合课时,使国家课程育人目标得到强化,地方课程目标得以更好地落实。

一个学科内部课程资源的有机整合,最大限度落实课程目标。教师作为课程的实施者和建设者,为了更好地落实课程目标,应该具有合理整合课程资源的权利、义务和能力。为此,我们依据课程目标、教材特点、学生基础,在一个学科内部进行课程资源的有效整合,提高实施效益,最大限度落实课程目标。如语文学科,依据语文课程目标,落实读写基本功训练,实施单元整体教学策略,有计划地补充阅读,适当增加语文综合性学习,提高学生语文素养。数学学科,就某一知识点的学习进行前后衔接或补充等。

其二,是科学规划校本课程,促进学生个性发展和特色学校建设。根据学校育人理念、学生需要、校内外资源等,科学规划校本必修课和选修课,让校本课程建设形成规范和制度,进而形成富有学校特色的课程体系:①增加必修课,必修课不必太多,关键在于适合学校、适合学生,它是学校办学目标、核心育人理念的体现,具有鲜明的学校特色;②设立选修课,选修课可以多设,充分满足学生个性发展需要,根据学生需要、教师资源、社区资源等,设立丰富多彩的选修课,促进学生个性发展。

第二,注重德育课程的开发与建设。

德育课程是学校课程体系中不可或缺的部分。德育课程构建中,加强以核心素养为指导,能够关注学生群体身心发展,能够更全面地统筹规划学生的健康发展,能够对学生进行针对性、系统性和层次性的教育和指导。核心素养与德育教育之间相互促进、互为补充、彼此成就,进而推动和促进小学生的全面、健康、优质发展。

精准开发德育课程,自主构建德育主题。一是常规性主题,顾名思义,即日常教育教学工作中始终都在坚持抓的主题,比如中小学生的爱国主义教育、行为习惯养成教育、礼仪教育等课程。二是时代性主题,即具有新时代特色的主题内容,其充分体现出了学校教育教学工作所坚持的与时俱进精神的课程。三是校本性主题,即以学校为核心的主题,一般情况下这类主题更具随机性,其以学校实际情况为依据,由学校领导、教师以及学生来共同构建的课程。四是依据传统节日开发的德育课程。

第三，加强隐性课程建设，发挥隐性课程的育人作用。

学校文化是课程，教师行为也是课程，要让学校的一切因素成为学校课程体系的一部分。重点放在学校核心价值观的挖掘与形成、制度文化构建、教师教学观念与教学行为的转变以及学校显性文化的建设上，从而潜移默化地影响学生。因此，学校隐性课程对学生的影响是巨大的、不可替代的。

第四，构建主题性全学科实践课程。

通过不同学科在同一主题下共同协作，开发实践活动课程。以不同的载体、不同的形式、不同训练重点、不同发展技能，共同完成一个主题，以此弥补学科不足，解决虚化、弱化的问题，变革学习方式，完成共同育人目标，全面培养学生核心素养。

2. 课程体系解决的主要问题及实践意义

学校课程体系一方面重视提高国家课程、地方课程实施的实效性，另一方面依据学校育人目标和学生需要，加强校本课程建设，变课程建设中的零散探索为系统构建，使国家、地方和学校三级课程形成育人上的实质性互补。而隐性课程的提出，为学生发展提供了更加丰富的载体。

解决地方课程与国家课程内容的交叉重复现象，整合实施，提高国家、地方课程实施的实效性，最大限度完成国家课程育人目标。解决校本课程特色不足、缺乏实效的问题。依据学校育人目标、学生发展需要、学校实际，让校本课程更加科学丰富而富有活力，并形成体系。

将学校一切因素纳入课程体系建设，必将带来学校文化、教师思想、教学行为的变化，提高育人质量。使学校课程建设规范化、制度化，进而形成富有特色的学校课程体系，并以此为载体，促进特色学校建设。

3. 设计与实施过程中遵循的原则与着力点

第一个是国家与地方课程整合实施的原则与着力点。

首先，是整合要科学。地方课程是国家课程的有效补充或强化。二者整合的首要关注点是确保科学：我们以国家课程为基础，删除地方课程与国家课程重复内容，整合交叉内容，提高效率。

其次，是实施要高效。整合后的课程实施，应该是有机融合，而不是简单叠加。

第二个是一个学科内部课程资源整合的原则与着力点。

以课程目标为标准，确保课程目标落实；关注学生学习基础，保证整合的计划性与序列性；以教材内容为蓝本，找准整合点，有机整合拓展，提高实效；深入研究常态课堂，明确改革思路，以高质量的常态课保障整合效果。

第三个是课程评价着力点。

关于课程评价，不同的课程行政主体有不同的关注点。作为学校课程体系建设，我们评价的着力点是：①国家与地方课程，主要是实施效果评价，包括教师教学效果和学生发展评价，学生发展评价以课程标准为依据；②校本课程评价，主要是开发综合质量评价和实施过程、实施效果评价。

针对上述评价关注点，秦都区英才学校设计评价内容、评价标准、评价方法，并努力实现评价主体的多元化。从而构建科学、完善、具有可操作性的评价体系。

（二）问道新课标 构建高质量课程体系

秦都区英才学校坚持问道新课标，让学习真实发生，让核心素养落地，基于"美好教育"办学特色和"五育融合"理念，开展指向素养的多元"美好课程"建设。"美好课程"分为国家课程、地方课程和校本课程，其中校本课程包括信仰课程、人文课程、科创课程、艺体课程和生涯课程，课程秉持"为了师生的共同成长"的办学理念，以"为每一个学生创设合适的课程"的课程文化为引领，在课程具体实施过程中，学校根据实际，融合创生了美好基础课程、美好拓展课程、美好加强课程三位一体课程体系。

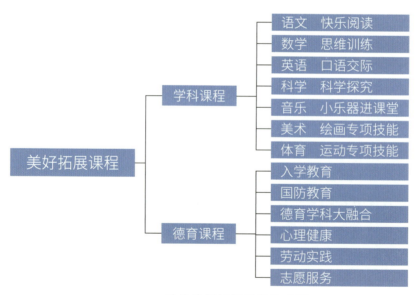

学校美好拓展课程构成图

美好基础课程包括国家课程和地方课程，全员参与班级授课。严格执行国家颁布的课程计划，开齐课程，开足课时，按照要求开设有体、音、美、劳、综合实践等课程。制订有学生课外活动计划，每天安排课间操、眼保健操，保证学生每天1小时体育活动时间。美好拓展课程分为"学科课程"与"德育课程"。成立课程研发小组开发了一系列以语文快乐阅读、音乐小乐器进课堂、美术绘画专项技能、体育运动专项技能为主的学科课程，学生在潜移默化中提升了文化素养，提高了身体素质。德育特色课程则从"礼仪、养成、节日、心理"四方面着手，真正关注学生身心成长，培养学生健康人格。美好加强课程则以课后服务中的兴趣小组和精品社团及学校校队为主，部分参与，混龄授课。

学校在常规教学基础上组建了兴趣小组、精品社团及学校校队，充分满足不同水平学生德智体美劳全面发展的需求，提升学生综合素质。篮球、足球、排球、乒乓球、网球培训有序展开，效果良好，学生的身体素质得到增强；中国舞、民族舞、书法、音乐培养了学生的艺术爱好；创客、机器人培养学生的创造思维能力；国学类社团传承和弘扬中华优秀传统文化。各类活动的开展丰富了学校学生的文化生活，提高了学生的整体素养，使全面育人理念进一步得到落实。

丰富的校本课程充分挖掘每个学生的个性潜能，满足每个学生的发展需求，有利于学生的个性化全面发展。同时，提升教师开发课程资源的能力，推动了教师的专业发展。

（三）聚焦"三个课堂"建设，创设育人新生态

"双减"政策实施后，陕西省教育厅统筹课内课外、校内校外、线上与线下、认知与体验、学习与实践，遵循教育发展规律和青少年成长规律，提出打造"三个课堂"、深入开展"课堂革命 陕西行动"。"三个课堂"五育并举，三位一体，在落实立德树人过程中共同构建了"大课堂"概念，旨在实现学校教育与校外实践、课内与课外、师生与社会课堂参与者、校内与校外教育资源的有效整合，相向而行、共同发力。

"三个课堂"，顾名思义是三种形式的课堂，是教师教育与学生学习、知识传授与能力培养、智能发展与人格养成的三种类型场所。可以按照学习内容和时空分布进行划分设置，它既不是传统意义上的校内课堂，也不全是教师授课的课堂，而是综合课中课后、校内校外、线上线下等内容，学校有目的、有计划、有组织、有系统地实施所有教育教学活动的总和。通过"三个课堂"实现教师、教育管理者、社会知识提供者和学生互动交流、熏陶感化的一体化课程，是学校、家庭、社会三位一体协同育人的教育新生态，是对传统意义课堂概念的深化和变革。

具体来说，"第一课堂"是指严格执行国家课程及地方课程的教育教学"主阵地"，主要是按照国家课程标准和统编教材，完成规定的学习任务，这也是通常意义上所指在教室的上课或课堂。"第二课堂"仍是指校内的学习场所，是指除"第一课堂"之外的所有校内资源，为深化和拓展"第一课堂"的学习内容，通过功能部室、音乐体育场馆、社团活动场地、文化走廊等场所，进一步发挥好学校的育人功能和服务功能。"第三课堂"是指走出校门以外的社会实践学习锻炼场所，主要以研学基地、爱国主义教育基地、劳动教

育基地、文化馆、博物馆、体育馆等校外教育服务设施和志愿者服务、社区服务为活动载体的课堂。"三个课堂"在落实立德树人的全过程中共同构建了"大课堂"概念，定位不同、各有侧重、相互融合、异曲同工，使得学校教育与校外实践实训、课内与课外、教师学生与管理者、社会文化学者、校内与校外教育资源得以有效整合，相向而行、共同发力，培养学生道德品质、培育学生学习能力、传授学生应有知识、深化学生学习内容、促进学生身心健康、熏陶学生艺术审美、养成学生劳动技能，使学生的兴趣爱好、综合素质和实践能力得到全面发展。

杜威曾说："如果我们用过去的方法去教育现在的学生，就是在剥夺孩子们的未来。""三个课堂"的构建与融通就是要在新时期背景下，基于新理念、运用新方法、依托新技术，进行根植现实、面向未来的课堂革命，全面推进基础教育从有质量向高质量发展转型。

为了认真落实"课堂革命 陕西行动"，秦都区英才学校以德为首实施"五育并举"，紧紧围绕高效课堂改革，立足学生综合素养提升，不断完善课程建设，践行"三个课堂"，着力构建高质量课程体系，努力实现校内与校外教育资源的有效整合，全面提升育人质量。学校构建了以"2155"高效课堂模式为主要特色的"第一课堂"，以"精品社团＋兴趣小组＋学校校队"为主体的"第二课堂"，以"研学旅行＋馆校共育＋校外实践"等综合实践课程为主体的"第三课堂"，形成"五类一体"的"1+N"＆"N+1"课程体系（附录31）。

1. 夯实"第一课堂"

立足课堂教学，夯实"第一课堂"，严抓课堂教学"主阵地"，推行"2155"高效课堂模式，注重"教—学—评"一体化设计，坚持以评促学、以评促教。细化课堂检测要求，加入预习测、课中测、课后评，大力推进"真题进课堂"，制定各科预习模板，将课堂内容前置，提升课堂效率，扩大课堂容量，培养学生核心素养和综合能力。"第一课堂"加强考试学科课程建设。学校以月为单位组织开展考试学科建设月活动：三月数学月、四月语文月、五月英语月、六月综合学科月，围绕提高教师综合技能、增强学生核心素养制定活动主题。完善综合学科课程体系建设，促进学生全面发展，通过体音美学科"学—练—赛""学—练—演""学—练—展"一

音乐会

书画展

体化设计切实提升学生体质素质、审美素养，培养每个学生学会一种小乐器、掌握一项绘画技巧、学会一项体育项目。2023年1月，学校组织开展第一届新年音乐会、书画展和各类体育比赛，全面展示了综合学科建设成果。

2. 综合学科建设

学校不断优化完善综合学科课程体系建设，以落实核心素养为主线，引导学生积极参与各类艺体专项技能学习，通过体育学科"学—练—赛"、美术学科"学—练—展"、音乐学科"学—练—演"一体化设计，分段设计课程，培养学生每学年掌握一种专业运动、一项绘画技巧、一种小乐器演奏，培育德智体美劳全面发展的新时代好少年。

关于美术课程。学校美术学科关注学生审美素养的形成与发展，促进学科融合、彰显文化传承。2023年秋季学期一至九年级根据不同学段学生特点，基于中国传统文化设计系列课程，在提升学生审美素养和文化素养的同时，激发学生对中国传统文化艺术的热爱，增强民族自豪感。一、二年级以绘画、剪贴为主要展示形式，通过线描、色彩画等形式，提升学生的线条组织能力、造型能力。三至五年级以国粹文化与民间艺术的碰撞为主题设计课程，三年级开展脸谱的绘画教学；四年级选取国粹中的京剧作为学习核心，将戏服、戏帽、云肩装饰作为教学内容；五年级通过传统民族纹样和中国传统乐器绘画学习，了解民族文化的表现纹样，运用线描方式对描绘出的乐器进行花纹装饰。六年级开展工艺美术品艺术学习，引导学生通过观察和欣赏图片，了解不同时期的工艺美术品，以临摹形式描绘作品，感受陶器、青铜器、瓷器等各种工艺美术品的造型美。七至八年级进行综合材料绘画学习，引导学生了解不同美术作品之下的社会背景及不同时代、地区、民族和国家美术的特征。九年级同学通过临摹经典国画作品，掌握国画的基本技法，学习工笔花鸟画的绘制方法，包括白描、上色、渲染等步骤。通过线描、色彩绘画等形式呈现作品，系列美术特色融合课程设计合理、实施有效，切实引导学生深层了解了中华文化，提升了学生审美创造能力和综合实践能力，培养了热爱中国传统文化的深厚情感。

关于音乐课程。学校音乐学科为不同年级设计了不同的小乐器课程，一、二年级为铝板琴，三、四年级为竖笛，五年级为葫芦丝，六至八年级为口风琴，九年级为陶笛，通过将"小乐器"带进课堂，让每个孩子掌握基本的乐理知识、学会基本演奏技巧，一年级教学内容围绕激发和培养学生对音乐的兴趣设计，要求学生能自然有表情地演唱歌曲，认识音1（do）、2（re）3（mi）、4（fa）、5（sol）、6（la）、7（si），熟知四二拍、四三拍的强弱规律；二年级要求学生能跟伴奏演唱歌曲，完整吹奏《小星星》《乃呦乃》两首歌曲；三年级要求拓展歌唱课的乐谱进行吹奏并熟练演奏三首歌曲；四年级要求学生认识十六分音符、切分节奏、渐强、渐弱等音乐记号，了解旋律的进行有上行、下行、波浪形，能用竖笛熟练吹奏《我和你》《乃呦乃》《其多列》；五年级要求学生能跟伴奏演唱歌曲，完整吹奏四首乐曲；六年级要求学生学习相关乐理知识、节奏和旋律，熟练掌握口风琴吹奏三首乐曲；七至八年级要求学生能进行简单的音乐鉴赏并熟练演奏乐曲《大鱼》，九年级要求学生熟练演奏《娃哈哈》，并且能运用部分所学的小乐器进行简单的音乐创作。音乐课程扎实推进、成效显著，切实提升了学生的艺术修养和综合素质。

关于体育课程。学校按照《义务教育体育与健康课程标准（2022年版）》的要求，坚持"健康第一"，落实"教会、勤练、常赛"，加强课程内容整体设计，注重教学方式的改革，注重综合性学习评价，关注学生的个体差异。

2023年秋季我校体育工作以贯彻全国《中小学体育课堂教学规范与基本质量要求》，以立德树人作为教科研工作的根本任务，全面提升体育教育质量，健全学生人格品质，进一步提高学生体育学科核心素养。体育课程内容依托未来出版社的《体育与健康》教材，严格按照课标要求进行课堂教学。主要有：①基本身体活动游戏；②球类游戏，小足球、小篮球、软式排球（水平三）；③体操类活动；④武术类活动。一年级：体适能（提升运动表现翻、爬、跳跃、协调能力）；二年级：花式篮球、篮球理论知识、比赛规则；三年级：乒乓球（发球和正手击球）、乒乓球理论知识、比赛规则；四年级：羽毛球（发球和正手击球）、羽毛球理论知识、比赛规则；五年级：体育舞蹈；六年级：足球（传接球）、足球理论知识、比赛规则；一至六年级集体项目：武术操《少年中国说》、健身操《闪耀》；七至九年级：三大球、长跑。

第一届书画展

第一届音乐会

3. 拓展"第二课堂"

学校整合校内资源，拓展"第二课堂"，围绕多元化、社会化两大原则，创设"强身健体""传承文化""探索创新""艺术感知"四大系列课程体系，41个社团，切实做优做好课后服务工作，加强社团教学活动管理，全面提升课后服务质量，并成功开展第一届社团节，不仅为学生提供培养爱好、提升能力、展现自我的平台，更得到了莅临现场的家长的一致好评。

社团节

学校着眼立德树人，五育并举，着力构建"传承理解　多元共创"的特色发展道路，依托兴趣小组、精品社团和校队三级活动体系挖掘学生亮点，推动个性发展，充分满足不同水平学生德智体美劳全面发展的需求,提升学生综合素质。

学校结合重要节日及学生实际情况设计德育活动,推进"大思政课"建设,以建党百年为契机,国庆节开展"童心向党,热爱祖国"主题教育活动,进行"云游中国"综合实践展示,厚植学生红色基因和爱国意识;重阳节举行敬老院"敬老爱亲"慰问活动,培养学生爱老、敬老的美好品质;创建文明城市期间,通过实践活动,激励学生争做"我是环保小先锋"增强学生环保意识。

重阳节敬老活动

学雷锋活动

学校组织各学科组广泛开展特色学科活动,让学生在丰富多彩的综合实践活动中提升自我。二年级数学的作业超市、跳蚤市场让学生在模拟买卖中学习人民币的使用和兑换规则,义卖结束后将募集善款用于慰问养老院老人。将美术设计、语言运用、数学知识及品德教育融为一体。六年级语文设计《京剧趣谈》主题活动,利用调查报告、专业人员访谈、思维导图等多种形式让学生了解京剧与秦腔,深化学生实践能力,激发了学生对传统文化的热爱。八年级语文设计了"新闻面面观""我是小记者""新闻我来写""新闻展播"新闻实践活动,在了解新闻基本知识的基础上进行实地采访、新闻撰写,并借助英才电视台完成新闻展播,将听说读写融为一体(附录32、附录33)。

学校开展学生生活实践活动

当好"小小主持人"

4. 链接"第三课堂"

学校整合社会资源，深化"第三课堂"，以新时代文明实践基地建设为抓手，开展以"学习刘古愚"为主题的德育多学科融合式活动，在加强学生思想道德建设过程中提升学科素养，提升学科能力；组织开展"走进中医药大学""走进秦都区委党校"等研学活动，让学生在"行走中"观察社会，体悟吸收自然、科学、历史、地理相关学科知识，提升综合素质和实践能力。

走进中医药大学研学　　　走进秦都区委党校研学　　　进社区孝亲敬老活动

清明节祭英烈活动

学生走进中医药大学研学活动照片

（四）五育并举，打造活动育人的实践场

特色彰显品牌，活动濡染成长。秦都区英才学校从五育并举的角度开展教育实践，将活动系列化、特色化、课程化，着眼于学生个性化和可持续发展，为未来成长埋下"一粒种子"。学校建设"基础—拓展—加强"三阶德育活动体系，聚力打造活动育人的实践场。每周一运用国旗下讲话和主题班会培养学生爱国、爱党的情感，增强学生理想信念力量。

二、学生活动

（一）基础活动

学校扎实开展新生入学活动、成长礼、毕业礼和校园文化艺术节、体育健康节、田径运动会"三节一会"特色活动，为学生搭建展示平台，浓郁校园文化氛围（附录34、附录35）。

第五届艺术节　　第三届运动会

（二）拓展活动

跨学科主题学习活动是《义务教育课程方案（2022年版）》的新增部分，也是亮点与特色部分。跨学科主题学习活动主要包括学科知识性活动、学科实践性活动、学科综合性活动、学科生活性活动。跨学科主题学习活动旨在打通学科边界，综合融通各学科，加强学科间的相互关联，强化课程协同育人，带动课程综合化实施，发展学生核心素养。

基础教育高质量发展实践与探索

为进一步落实新课标精神，聚焦跨学科素养，积极探索项目式学习，学校组织各学科组以"深研课标 深耕课堂 深化改革"为主题开展跨学科教学与学科融合创新实践活动。力求通过从"知识本位"到"素养本位"、从"标准培养"到"个性发展"、从"数据赋值"到"技术赋能"重构学校育人体系，把学生培养成时代所需要的综合型、创新型高素质人才。各学科组提高学科活动质量，创新学科活动模式，遵循"趣、活、精、实"的原则，立足新课标，尊重学生发展水平，设计出了一个个有针对性、生活性、趣味性、合作性的多元化特点的学科活动（附录36、附录37）。

乐学促成长，智趣大闯关——一年级语文数学特色学科活动

走进历史人物传承中华文化，小学语文学科组特色学科活动

强身健体。使命之光荣，尤须担当尽责，保持敬畏之心。为了推进体质管理，学校努力探索体育实践新模式，创新学生健康发展新路径。创新阳光体育"两个一"：保证各学段学生学会一项体育技能，小学部的"花样跳绳"，明德校区的"武术"，初中部主攻"三大球"成为学校体育教育的亮点工程；保证每天一次集体的学生趣味体育运动，课余时间学生也对形式多样的体育活动兴趣浓厚，真正让学生通过体育活动强身健体，彻底落实阳光体育，让每个学生每天都能站在操场的中央。

阳光体育大课间活动

（三）加强活动

学校创新开展学科融合课程。以丰富的主题活动为抓手，深入挖掘学科中的德育元素，挖掘学科核心素养和核心知识技能，丰富学生节日精神文化生活，树立尊重传统、继承传统、弘扬传统的思想观念，增强对中华优秀文化的认同感与自豪感。依托新时代文明实践基地建设打造"古愚书院进校园"品牌课程，引导学生挖掘本土名人贤士文化资源和精神内核，追忆秦都先贤，传承爱国情怀。

古愚书院进校园活动

学校依托秦都区袁×家庭教育指导工作室，打造"袁×家庭教育品牌"课程，组织开展专家讲座分享交流等活动，为家长提供专业育儿指导，提升家校共育水平。依托秦都区袁×家庭教育指导工作室，邀请咸阳市家庭教育研究会办公室主任王×，为五、六年级学生开展"拥抱青春 笑迎花季"主题青春期生理卫生健康教育讲座。

学校开展"传承传统文化"系列活动，不断加强新时代文明实践基地建设，以"古愚书院进校园"为抓手，常态化开展宣传关学、宣讲古愚文化、爱国诗词诵读、红色研学、学习刘古愚之学科大融合等丰富多彩的活动，不断深化学生爱国主义教育、优秀传统文化教育和社会主义核心价值观教育。学校每年依托优美校园环境开展"帘动蔷薇 春日雅集"传统文化体验活动、"墨存风华 诗韵英才"校园诗词大赛、传统服饰游园活动、传统文化社团沙龙活动。2023年中秋节夜晚，我校代表秦都区教育系统参加了由中共咸阳市委宣传部、咸阳市文化和旅游局主办的"秦时明月在咸阳 古渡廊桥秦韵长"中秋系列活动，四年级100名学生为全市人民献上了一场别开生面的中华传统诗歌朗诵表演，作为本场活动唯一一个青少年节目得到了咸阳市人民的广泛关注和赞誉。

专家育儿讲座

"拥抱青春，笑迎花季"主题青春期生理卫生健康教育讲座

"帘动蔷薇，春日雅集"传统文化体验活动

"秦时明月在咸阳，古渡廊桥秦韵长"中华传统诗歌朗诵

"墨存风华，诗韵英才"校园诗词大赛

三、数字校园建设

习近平总书记深刻指出，当今时代，数字技术、数字经济是世界科技革命和产业变革的先机，是新一轮国际竞争重点领域，我们要抓住先机、抢占未来发展制高点。数字技术愈发成为驱动人类社会思维方式、组织架构和运作模式发生根本性变革、全方位重塑的引领力量，为我们创新路径、重塑形态、推动发展提供了新的重大机遇，也带来了新的挑战。这种机遇和挑战不仅体现在教与学方式变革中，也体现在教育治理方式变革中，通过数字化共享优质教育资源以及提升基础教育管理效能，我们都是刚刚起步，还需要不断探索。

秦都区英才学校自建校以来，深入贯彻落实国家和上级各部门对教育信息化工作要求，在秦都区委区政府的大力支持下，在咸阳市电教馆、秦都区教育局的精心指导下，不断立足实际、开拓创新，不断提高学校的教育信息化水平和管理信息化水平，助力新课程改革发展，打造数字校园新生态，提升学校发展新内涵，为师生幸福生活、成长成才提供更优质服务，全面推进数字化赋能教育优质均衡高质量发展，致力办成"科技引领、面向未来、教育高质"的教育现代化学校，如今已全面实现了教学、办公现代化。

（一）强化组织管理，打造智慧工作机制

学校高度重视学校信息化工作，自 2018 年建校以来，在服务中心设置学校信息处、学校信息中心，成立了以校长为组长、副校长具体负责的学校信息化工作领导小组；成立了以校长为组长，副校长、信息主任及会计、后勤主任为成员的资金投入设备保障组等组织，领导小组定期召开专题会议，商讨落实学校信息化工作，策划并参与信息化硬件的投入、设备的维修及维护、教师信息能力提高的培训等常规化工作。学校制订了信息化工作发展规划、学年度工作计划、校本培训计划，并制定了切实可行的教育信息化管理制度、学校信息化经费投入保障制度等 10 余项制度，对学校信息化工作高标准、严要求，促进我校信息化工作的发展进程。

（二）完善基础设施，优化智慧环境建设

学校不断加大投入力度，完善设施，加强数字资源建设，先后多方筹集资金，科学规划，借助一星、二星数字化校园建设，对信息化建设硬件进行装备，积极推进智慧校园建设，创设良好的信息化氛围，为教师、学生和家长提供优质的信息化环境和资源服务。

1. 完善网络基础环境

学校建有完整的千兆校园网络系统，实现了班班通网络，所有教学、办公场所实现 WiFi 全覆盖，所有教师办公电脑均接通网络，校园网出口带宽 100 兆。

2. 打造智慧教学环境

学校建有多媒体教室 95 个，交互智慧教室 16 个，计算机云机房 5 个，精品录播教室 1 个，现代化多功能报告厅 2 个，校园电视台 1 个。每个教室都配置了智能一体机多媒体系统，可实现智能化教学。教师计算机配比达到 100%；教师可利用学科网资源平台、希沃资源平台，百度文库等网络资源进行备课，目前有 16 个班可以应用智慧课堂平台实现交互式上课，教师及学生参与度均比较高。我校每个班级都配置了多媒体教学一体机。教师可对课前、课堂、课后的教学过程进行智能管理。

3. 加强信息化部室建设

学校建有机器人教室、创客空间、国学社、书法馆、数字化探究实验室、科学探究室、陶艺馆、学生共享空间等信息化部室 64 个，这些部室在学校的各类活动中发挥着重要作用。

4. 搭建文件传输共享服务平台

学校为各学部教师提供了一个文件传输、资源共享、存储的网络空间。学校不断推进信息技术与教育教学的深度融合，生成了一批信息技术与教学创新融合的校本数字化学习资源。

5. 构建融媒体平台

学校开通了微信公众号、抖音账号等融媒体平台，及时发布学校动态信息。通过钉钉云平台、微信平台，进行网络线上教学、文件流转、人员管理，以及家校沟通等工作。

6. 提升信息化安防水平

建设有高标准、全覆盖的安防监控系统及标准化考试监控系统，400多个监控摄像头实现了全校公共区域监控无死角覆盖；建设有学生出入校管理系统，可及时掌握学生的到校离校情况。

（三）推广数字应用，赋能智慧教育发展

学校以创建"数字校园"为契机，坚持"应用为王、服务至上、示范引领、安全运行"的工作要求和思路，有效利用资源，推广数字化应用，不断提高学校教育信息化水平和管理信息化水平，推进信息与教学深度融合，助力学校教育教学高质量发展。

（四）依托数字化平台，构建高效管理机制

学校基于管理平台，建立起高效的校园数字化管理机制，实现了各部门业务数据的互联互通，让教务管理、德育管理、日常办公、家校协同等工作开展更高效便捷人性化。学校选用钉钉办公，运用平台发布学校公告、通知等信息，召开学校远程视频会议、在线培训、线上听课等；利用钉钉平台进行每日打卡，优化细化教师考勤管理，会议管理、盖章申请等管理流程。

（五）信息化赋能成长，打造高质量师资队伍

学校高度重视信息化工作，不断强化信息技术在课堂教学中应用，建立以校为本的适应学校发展需求的教师信息技术应用能力提升模式，大力提升全校教师的数字素养，成立了以校长为组长的信息化人才队伍建设工作领导小组，建立教师信息化应用能力培训制度，把数字技术应用能力纳入教师教学基本功考核。在咸阳市电教馆、秦都区教育局的指导下，学校依托"教师信息技术应用能力提升工程2.0项目"，开展教师网络和多媒体设备操作能力、校本化的数字教育资源的开发与共享能力、新媒体数字化教学应用能力的培训。目前我校教师全员参与，培训合格率100%，全部通过了能力认证测评。目前，学校全体教师能利用数字资源进行电子备课，能利用信息化手段开展教育教学活动，能利用数字技术设计开发微课等数字教学资源。学校全体教师利用智慧教室平台了解教育教学新趋势，借助教学软件、教师社区、教研活动、教师交流、一师一优课活动等，提升教育教学水平。教师积极参与数字教育资源开发、应用与交流，优化教育资源，通过录课、网上"晒课"和评选活动，开展教师互评与自我评价，提高了教师利用优质数字教育资源的能力，教师录制的"一师一优课"获得省部级、市级奖励；2022年学校两位教师制作的微课入选教育部基础教育精品课。近三年来，我校教师在微课大赛、智慧课堂多媒体应用等教育教学信息化评比活动中获得省部级奖项73个、市区级奖项92个。

（六）助力教育教学，培育现代化新人

学校通过硬件课堂交互一体机、智慧教室的全面升级，软件希沃白板的全面应用，着力打造智能、高效的学习生态环境，打造动态开放的高效"第一课堂"。在日常教学中，教师课前利用现代化的信息技术通过情境感知、数据挖掘等方法预知中学生潜在的学习需求精准备课，课中通过交互式触控一体机多媒体资源，借助信息化教具，整合丰富的教学资源，图、文、声、像并茂地向学生传递知识，有效拓展学生的知识面，激发学生学习兴趣。课后教学评价信息即时反馈，实现交互式教学应用，增加了师生互动交互的深度和广度。

学校有计划地将教学课件、课例设计、一师一优课、微课程、论文等资源充实完善，逐步形成自己的教学资源库，实现教学、教研资源的汇聚共享，为教学决策提供大数据支撑，各学科组从海量优质教育资源中选取教学内容进行研究备课，扎实推进集体教研，切实提高了教育教学质量和水平。

学校不断加强智慧引领，拓展德育教育阵地，营造数字化立德树人环境，促进学生德智体美劳全面发展。周一升旗仪式、文化艺术节、体育健康节等各类大型活动中，我校利用网络直播技术让孩子在教室、家长在家里亲身感受活动现场的氛围，展示校园文化。学校通过微信公众号、抖音账号、校园广播、校园电视台等，及时发布学校活动信息，加强家校联系，同时也为学生搭建了充分展示自我的平台。学校利用信息化部室和信息化设备开发德育课程和教育案例，开展德育教育活动，取得了丰富成效。我校制作的作品《我爱我家——咸阳》，在中央电教馆举办的"中国梦——行动有我"2021年全国中小学校本德育课程和教育案例展播活动中，荣获小学德育校本课程视频资源示范作品。

学校通过数字赋能不断提升家校共育水平，依托网络平台、校园电视台、校内直播系统常态化开展线上家长会、家长课堂，充分利用咸阳妇联和袁×家庭教育工作室优质教育资源，帮助家长深入了解家庭教育心理知识及方法，提升家长的家庭教育指导能力，形成了"家校社三结合，齐抓共管育新人"的良好局面。2021年我校荣获"咸阳市优秀家长学校"称号。

（七）构建教共体信息资源库，促进教育优质均衡

学校引领新时代城乡教育共同体积极构建教学信息资源库，通过智慧校园平台逐步实现教学课件、课例设计、一师一优课、微课程、论文等教学、教研资源的汇聚共享，推进智慧学习、智慧教学、智慧科研、智慧评价、智慧管理及智慧校园一体化发展，打造"人人皆学、处处能学、时时可学"的区域一体化智慧教育环境。通过推动信息技术与教育场景深度融合，提升教与学的效率和效果，提高教育质量和师生素养，推进区域教育均衡公平和教育信息化整体水平提升。

第七节　回归教育本真的不懈求索

一、概述

习近平总书记指出："我们的人民热爱生活，期盼有更好的教育""义务教育是国民教育的重中之重，要全面贯彻党的教育方针，落实立德树人根本任务，充分发挥学校教书育人主体功能，强化线上线下校外培训机构规范管理"。这为教育工作提出了明确要求。"十四五"期间，我国经济社会发展将围绕高质量发展主线展开，教育作为国之大计、党之大计，作为国家优先发展的战略，必须解决好"培养什么人、怎样培养人、为谁培养人"这一根本性问题。

2021年国家颁布"双减"政策，"双减"犹如一剂药方，直击教育当下的"顽疾"。作为育人主体的学校，我们应当按照这份"药方"寻药治病，改变不科学的教育观念，还教育一个强健的体魄，还学生一个幸福快乐的成长经历。秦都区英才学校在落实"双减"的道路上不断求索，形成了特色经验做法。

（一）读懂"双减"，把握"两个回归"

落实"双减"精神，首先要坚持学习回归学校、教育回归育人。

1. 让学习回归学校

实行"双减"政策，首先要很好地缓解社会与家长的焦虑感，让父母回归平常心态，不再揠苗助长。让孩子能够拥有更多的自由活动空间和时间，把本该拥有校园与家庭快乐生活归还给孩子，让他们健康发展。教育回归学校和课堂，要让学生主要在校内完成学习任务，教师应进行有针对性的教学，避免学生走弯路。放学后，学生应将更多时间花在感兴趣或擅长的领域，拥有更多自由选择的机会。

2. 让教育回归育人

教育回归育人就是把童年还给孩子。教育不再追求分数和升学率，而应真正培养学生综合素养，培育思维有广度、思想有深度、品德有厚度、做人有准则的新时代好少年。

（二）实施"双减"，聚焦"提质增效"

1. 完善考核评价体系，树立育人导向

为降低学生考试压力，促进学生全面发展，学校成立学生考试管理工作领导小组，制定《秦都区英才学校考试管理细则》，严格按照教育部通知精神，一、二年级不进行纸笔考试，三至六年级由学校组织每学期一次期末考试。一、二年级营造宽松愉悦的氛围，以富有趣味的"快乐游园学 争创小荣星"游园活动代替纸笔测试，通过语文园、数学园、英语园、体育园、美术园、立德园、音乐园、生活技能园、自主展示园9个游园口头测试，对学生从德、智、体、美、劳五个方面实施综合评价，构建立体考评过程，真正落实双减政策，促进学生全面发展。

2. 聚焦高效课堂建设，提高教学质量

（1）完善教学评价体系

学校制订课堂教学效益评价方案，制订出教师教学备、教、改、辅、考五环节考评细则，建立"第一课堂"教学质量跟踪评价方案。学校建立学生学科学习质量过程性评价体系，从学科核心素养的角度分析学情，补齐学习短板，拓展学习特长，激发学习兴趣，开发课程资源，实现学生关键能力和学习品质有效提升。

（2）加强教研

学校紧抓质量提升这个"魂"，加强教研，在提升课堂教学效率上积极探索。一是安排骨干教师聚焦核心素养示范教学，呈现"双减"新政下的学思融通高效课堂；二是要求教师立足课堂主阵地，以生为本，充分准备，精心设计，训练到位，上好每一节常态课，努力打造充满"掌声、笑声、辩论声"的高效课堂；三是建立由校领导和学校中层组成的"成长课堂"课堂教学实践深入研究领导小组，开展推门听课、骨干教师示范研讨课等一系列教研活动，逐步形成高效课堂教学模式，提高全体教师的课堂驾驭能力。

（3）推行"2155"课堂模式

学校要求教师深入研读新课标，认真践行"2155"高效课堂模式，即课堂组织按照"20分钟新授课+10分钟小组合作探究+5分钟核心素养课堂小结+5分钟课堂练习检测"进行。要求全体教师在充分学习新课标和新教材的基础上具备"大单元教学"意识，注重"教—学—评"一体化设计，坚持以评促学、以评促教，真正培养学生的核心素养，培养学生的综合能力，体现课堂的育人价值，促进教育教学质量提升。

"2155"课堂

3. 优化作业设计管理，实现减量丰形

为减轻学生作业负担，贯彻落实"双减"作业要求，学校提出"三提""三控"，提高作业设计质量，确切落实"双减"作业新标准。"三提"即提高作业设计水平、提高作业批阅水平、提高作业辅导水平。"三控"即控制作业总量、控制作业时间、监控作业批改质量。

（1）优化管理

学校实施"双环"作业管理模式，通过"管理设计环""反馈提升环"细化作业管理制度、作业公示制度，着力优化作业反馈，对学生作业布置进行严格监管，一、二年级不得布置书面作业，三至六年级书面作业不得超过60分钟。提倡以单元为板块进行个性化作业分层设计，制定了《秦都区英才学校单元个性化作业分层设计指南》《秦都区英才学校个性化作业分层设计模板》，细化单元作业分层设计环节、类型、内容、形式。

学校要求任课教师做到全批全改，等级评价，精准讲评，评优树模。每天根据学生的书写效果，通过集体讲评、个别讲解等方式有针对性地及时反馈，精准分析学情、改进教学方法，及时调整教学进度。不定期开展作业展评、问卷调查、电话随访，了解各班作业设计、批改、反馈的情况，并纳入对教师的考核评价。

（2）丰富形式

学校组织老师认真学习、领悟"双减"政策、"五项管理"政策。任课教师根据学生学业水平和学习能力，将学生划分为A、B两类，分层布置作业。在规定作业时间内，A类学生完成基础+拔高作业，B类学生完成基础+拓展作业，两类学生完成作业用时大致相当。

为丰富学生作业内容，学校推出"四个五"课后作业套餐，涵盖每日必修、家务劳动、实践体验、观察探究四种类型，每种类型涵盖5种作业，自选和必选相结合，提高了学生完成作业的积极性。以学校课程为依托，提倡动手动口动脑，减少重复性作业。

4. 开展丰富活动，促进学生全面发展

学校高度重视，以课堂为抓手，课后服务为阵地，积极落实，减负增效，积极构建三个课堂，丰富学生的课余生活。有的放矢开展"第二课堂"和"第三课堂"，帮助学生培养兴趣、发展特长、开阔视野、增强实践能力。

学校重视劳动教育，依托楼顶劳动教育实践基地开展多样活动，让学生通过流汗出力，壮筋骨、长本领、摒弃"骄娇二气"，深度落实以劳树德的要义；学校注重阳光体育活动，上午大课间以跑操为主，下午大课间以广播操为主，学生每天大课间锻炼一小时得到严格落实；学校系统开设心理健康教育课程，认真落实国家课程中心理健康教育相关内容，每班两周1个课时。

学校积极拓宽校外"第三课堂"，链接社会资源，开展"走进中医药大学——神秘中草药"、"走进名企业"、"博物馆的秘密"、探寻"刘古愚"、"探寻咸阳的前世今生"等研学活动。让学生在"行走中"观察社会，开阔眼界，提升综合素质。

5. 构建家校沟通平台，凝聚育人合力

学校充分整合学校、家长、社会的优质资源，积极搭建家、校交流互动的平台。学校争取家长配合，赢得家长的支持和理解。采取线上家长会、印发宣传单、发放告家长书、召开座谈会等途径积极与家长沟通，认真倾听家长心声，还就学生学业和课堂表现等及时与家长联系；依托袁媛家庭教育工作室邀请专家开展育儿讲座，为家长传授科学的家庭教育知识；邀请家长进校开展"家长讲堂"，参与上下学门口值班，参加"丰收嘉年华""体育健康节"等活动，使家长全方位沉浸式参与到学校育人过程中，共同促进孩子身心健康成长。

6. 细化五项管理，呵护学生成长

为保证身心健康，学校细化了学生作业、睡眠、手机、课外读物、体质健康五项管理制度，并通过发放《秦都区英才学校就"五项管理"致家长的一封信》《秦都区英才学校关于手机管理和睡眠管理的调查问卷》加强家校沟通，形成协力共管局面。学校建立了手机入校园申请制度和申请表，各班班主任在班级群向家长进行宣传并转发，每班确定班级手机管理员；学校严格控制教师用手机布置作业和严禁用手机在线完成作业。学校定期电话回访学生睡眠、课外读物等相关信息，家校合作，严格落实"双减"政策，共同助力学生成长。

二、课后服务

为落实立德树人根本任务，全面实施素质教育，自国家"双减"政策颁布以来，学校在市、区两级政府的领导下，主动作为，积极探索，实施"课程框架校本化、选择课程个性化、管理工作规范化、检查监督动态化"的课后服务工作体系，在课后服务"5+2"模式的基础上，主动突破，迭代升级，落实"五育融合"，抓实"五项管理"，打造课后服务提质新模式，全力以赴把这项民生工程做实、做细、做优。2021年我校承接省级课后服务观摩活动，近年来参与课后服务的人数节节攀升。2023年我校参加社团总人数达1286人，覆盖率达到100%，我校荣获"陕西省教育质量综合评价改革实验学校""陕西省316工程督导评估优秀学校""陕西省师德建设示范团队""陕西省人防宣传教育示范学校""陕西省青少年素质教育基地""咸阳市义务教育标准化学校""咸阳市文明校园""秦都区文明校园"等荣誉称号。2022年3月全市中小学减负提质现场会在我校召开，2022年先后三次承担全市义务教育学校党组织书记（校长）观摩会，课后服务工作受到上级部门和社会各界的广泛好评。

（一）组织得力，完善制度

1. 领导小组

为确保"课后服务"质量，学校成立了以校长为组长，分管副校长为副组长，学部德育教学主任、各学科组长为成员的课后服务领导小组，分别由行政中心分管课程设置和部室安排，服务中心做好维稳、物资配备等后勤保障工作。实行管理包干负责制，每一个年级由一个领导班子成员和一个部长、三个学科组长负责，责任分工到人、职责明确。

2. 制度保障

为保证课后服务效果，我校根据上级相关文件精神，通过多次调研讨论、召开会议、广泛宣传、多方询问等方式，吸收家长意见和建议，明确了工作思路。在充分调研的基础上，出台了课后服务工作实施方案、课后服务人员工作职责、课后服务管理制度、课后服务安全应急预案、课后服务考核细则等一系列措施制度，通过发放《课后服务致家长一封信》《课后服务协议书》等方式，主动向家长告知服务方式、服务内容、安全保障等内容，建立家长申请、班级审核、家校签订协议、学校统一实施的工作机制，坚守公益原则，突出需求导向，促进家庭社会联动。

3. 安全保障

在组织、落实课后服务的过程中我校坚持把安全放在首位，落实安全责任，完善安全管理制度和应急预案，加强安全知识和安全技能教育。强化安全检查和门卫登记等管理制度，制订并落实学校做好课后服务的安全保障、考勤、监管、交接班制度，切实消除场地、设施、消防、饮水卫生、传染病疫情、安全保卫等方面的安全隐患，建立相应的学生伤害应急处理机制。对参加每个时段课后服务的学生点好名，放学时护送至校门口。对于缺席的学生逐个追踪，落实安全保障。

课后服务督查

（二）优化内容，暖心延时

我校扎实推行课后服务"5+2&1+N"模式，即学校每周5天开展课后服务，每天不少于2个小时，"1"即综合作业辅导和综合学科指导基本服务，"N"即科普、文艺、劳动、阅读、兴趣小组及社团活动等拓展服务。课程设置将个性化学业辅导与个性化兴趣课程有机结合，结合本校实际，围绕帮助学生培养兴趣、发展特长、开阔视野、增强实践，提供丰富多彩的校内课后服务。在努力解家长后顾之忧、办好人民满意的教育、减轻学生课业负担、提升学生素养的同时，力求为学生提供多样多彩、积极向上的课后生活，让课后服务更有内涵。

1. 第一时段：精心辅导提质量，优化课程促发展

课后服务第一时段要求教师精心设计学业辅导，从课堂备课到执教，对学业辅导内容、分层指导、个性化课程预设、作业监控等方面着手认真落实。充分利用课后服务时间，让学生在校完成家庭作业，并对学习困难的学生答疑解难、查漏补缺，加强基础知识的复习巩固，切实减轻家长和学生的课业压力。我校安排各学科教师，对学生进行个性化、针对性的课业辅导，对学习有困难的学生进行补习辅导，为学有余力的学生拓展学习空间，满足学生个性化、多元化的需求。

作业辅导

学校完善综合学科课程建设，开设特色课程，促进学生全面发展，通过体育学科"以赛促教"、美术学科"以展促学"、音乐学科"以演促练"切实提升学生体质素质、审美素养，保证每个学生学会一种小乐器、掌握一项绘画技巧、学会一项体育项目。

课后服务延时课程

2. 第二时段：依托兴趣展特色，精品课程促成长

第二时段，学校创设"强身健体""传承文化""探索创新""艺术感知"四大系列课后服务课程体系，美好社团41个，诗词、足球、篮球、舞蹈4个学校校队，结合学生

特长爱好，开发多种课程内容，不断满足学生个性化的选择需求，丰富多彩的课后服务课程让学生们浸润在传统文化中，让学生们感受艺术的魅力，体验运动带来的乐趣，充分享受成长的快乐。

特色课程突出人文性和实践性，让孩子在文化浸润中立德塑魂，让孩子在动手中创造快乐，我校开展了红色教育类、经典诵读类和才艺类课后服务活动，希望通过文化艺术的熏陶与浸润培养学生品德，塑造学生灵魂。红色教育类包括红色大讲堂的观影活动和实践活动，探访"抗美援朝"老军人，让学生了解国家的历史，培养爱国情怀；经典诵读类则以诗词社团和绘本阅读为主，培养学生阅读习惯；才艺类则包括美术类、音乐类、舞蹈类和书法等。我校开设了田园实践类、生活实践类、科技实践类和学科实践类等四大类实践类活动。其中，田园实践类以我校顶层的"空中田园"为劳动基地，根据时令变化，安排学生进行不同的劳动活动，参与蔬菜生长的各个过程；生活实践类则以烘焙工坊、厨艺社团、茶艺社团和布艺社团为主，培养学生生活技能，充分锻炼动手能力；科技实践类以编程、创客、航模为主，从小激发学生创新意识，培养学生创造能力；学科实践类则主要包括语文、音乐、美术学科特色活动以及生物、化学、物理探究实验，真正做到让学生在动手中深刻领会书本知识，体会学习快乐。

（三）整合资源，提质增效

1. 提升师资配备

首先是本校教师为主。

学校课后服务的师资以本校教师为主，多数本校教师参与其中。学校采取培训、激励等措施发挥本校教师主力军作用，教师们也通过参加活动实现了从"单纯教书"到"全面育人"的教育理念飞跃，教育教学手段也做到从课堂教育向课堂课后教育统筹延伸。家长义工为辅。学校有家长义工7人，占5%。我们选择有热情、有专长、有爱心的家长作为我们的辅助性师资，把好健康关、思想关、组织能力关、专业特长关四关，保证课后服务质量。

其次是专业人士补充。

学校课后服务师资中专业人士占3%，共5人。为了满足学生个性化发展的更高需求，我校选择咸阳电视台主播折××、国家一级运动员来×、"洪拳"非遗传承人等知名人士到我校定期指导学生开展活动。

2. 升级场地设备

部室丰富建设。我校建校之初便建立完善了陶艺室、创客空间、烘焙坊、科学探究场馆等64个多功能部室，力求通过丰富的场地张扬学生个性，放飞学生梦想。

书香校园建设。我校一直重视学生阅读，在学校的各个角落精心设置开放式书吧、阅读长廊、绘本馆等。真正做到"阅读触手可及，阅读无处不在"。

班级图书角

学校"读书吧"

学校阅读长廊

空中田园建设。建校之初，学校就在教学楼楼顶设置了2000余平方米的种植田园，主要种植蔬菜、花卉，让学生参与到蔬菜、花卉生长的不同阶段，学会识别草木，感受生命的变化，传承农耕文明，养成劳动习惯。

学生参加生活实践活动

3. 促进家校联动

家庭始终是学校教育的重要补充。我校重视家校共育，积极设计载体，让家长参与学校管理，融入学校教育，真正发挥家庭在教育中的重要性。多种形式的家校合作，真正拉近了家庭与学校的关系，使家校关系良性发展，家校合力，共育英才（附录38）。

三、品牌德育课程

（一）打造品牌德育课程，促进核心素养落地

培根铸魂，德育先行。德育是学校教育的灵魂，是学生健康成长和学校工作的保障。学校认真贯彻《中小学德育工作指南》《关于进一步加强和改进未成年人思想道德建设若干意见》，以立德树人为根本任务，围绕"美的风景 好的教育"特色办学理念，秉持"全员育人、全程育人、全方位育人"三全育人方略，通过文化蕴德、实践悟德、家校赋德、阵地育德、榜样树德、校社立德六大路径，构筑家—校—社会三位一体的德育工作网络，做强做实校本德育课程一体化建设，积极开创德育工作发展新局面，打造品牌德育课程，培养自信阳光、勤奋善思、向美而生、向好而长的英才少年。

1. 劳动课程——三维一体，融创新时代"美好"劳育

现在的孩子，很多都缺少生活技能、劳动意识，不想劳动、不会劳动、不珍惜劳动成果成为一种令人担忧的普遍现象。甚至在有些学校中，劳动的独特育人价值被忽视、被弱化。其实，劳动素养，是人的核心素养。《平凡的世界》里这样写道："一个人精神是否充实，或者说活得有无意义，主要取决于他对劳动的态度。"中共中央、国务院印发的《关于全面加强新时代大中小学劳动教育的意见》明确提出了"构建德智体美劳全面培养的教育体系"，确立了新时代大中小学劳动教育的基本原则、目标内容、实施路径和保障机制，可谓正当其时。劳动教育是"五育"的起始点，也是"五育"的最终落脚点，劳动的育人价值贯穿于"德智体美"之中。"劳动"更能体现"育人"的综合功能。

第一是以劳树德。通过劳动教育让学生接受锻炼、磨炼意志，培养吃苦耐劳、坚忍不拔、劳动光荣等正确的劳动价值观和优秀劳动品质，劳动体验不可替代。《悯农》背得再熟练，对诗句的理解也不如到田间地头干一小时来得深刻。没有对"足蒸暑土气，背灼炎天光"的亲身体验，如何感知劳动的辛苦和意义，又如何对劳动和劳动者心生敬意？

第二是以劳增智。教育家苏霍姆林斯基说过："学生的智慧存在于手指尖上。"通过手脑并用的劳动，可以激发学生的智力发育，增强学生的创新意识和创新思维。因为有了劳动的体验，才知道劳动对于人类的价值；因为有了劳动体验，才更知道学习之于劳动的意义，劳动改造我们的思想，我们改变劳动的方式。很多发明创造都是在劳动中诞生的。

从人工取火到工业革命再到互联网革命，几乎每一次大的变革里都少不了劳动者的重要参与。劳动使变革成为可能，劳动使想象成为现实。

第三是以劳强体。劳动教育以体力劳动为主，通过出力流汗，提高身体素质，强健体魄，促进身体发育。现在很多学生体质堪忧，甚至有的弯腰够不着脚，跳跃离不了地，跑两步就喘，走多了抽筋，这样的体质连最基本的生活质量都保障不了，又如何能够担负起强军兴国之重责。

第四是以劳育美。通过劳动教育让学生体验劳动的幸福与快乐，享受劳动的成果，内化"劳动创造了美""劳动者最美"等劳动的美育价值。前不久曾看到一名周姓演员在稻田劳动的场景，我早已过了追星的年纪，但是却不由自主地为这名演员暗暗点赞。回归自然，回归劳动，或许是获得心灵宁静与幸福的最好途径吧。"喜看稻菽千重浪"与"百般红紫斗芳菲"是一样的美，但其美学意义却是大不相同。或许，劳动与艺术的融合才是真正的美育吧。

基于以上思考，秦都区英才学校贯彻党的教育方针，落实"双减"政策，深化五育并举，促进学生全面发展，高度重视学生劳动教育，根据中共中央、国务院《关于全面加强新时代大中小学劳动教育的意见》、中华人民共和国教育部《义务教育劳动课程标准（2022年版）》，结合"美的风景 好的教育"特色办学理念，积极打造"学校—家庭—社会"三维一体的"1434N 劳育＋"融创劳动教育体系，即强化"一盘棋"顶层设计（整体规划、健全组织、协同推进）；四园联动资源共享（校园、家园、社园、田园）；围绕四个培育维度（劳动观念、劳动能力、劳动习惯与品质、劳动精神）；落实三个工作要点（开拓劳动教育实践基地、完善劳动教育课程内容、搭建劳动评价体系）；争创"N"个"劳育＋"融创活动品牌。学校自 2018 年建校以来，不断与时俱进创新探索，整合多方资源，打造具有英才特色的新时代劳动教育品牌，促进学生劳动素养的全面提升。2020 年 8 月，方光华副省长考察我校时，曾高度肯定我校劳动教育，说道"英才学校不仅劳动教育搞得好，更把劳动作为一种奖励手段！"学校劳动教育已初步形成本校特色，并总结提炼出一些成功经验。

2. 健全机制保障，夯实"美好"劳育基础

首先是加强组织领导，建立健全制度。学校制订了每学年劳动教育方案、年度工作推进计划、总结，建立了"劳动周"和劳动实践月计划和月报制度；制定了完善的劳动器材管理、活动项目管理、档案管理、劳动教育经费管理、劳动教育后勤保障管理、劳动安全管理、相关管理员和辅导员配备等规章制度；明确专兼职责任督学职责，适时对劳动教育组织和实践基地建设情况开展专项督导。

其次是加强队伍建设，提升专业能力。学校建立"学校领导＋班主任＋学科教师"全员参与的秦都区英才学校劳动课程教研组，并通过调配、换岗等方式，聘请能工巧匠、传承者、专业技术人员、劳动模范、有一技之长的社会人士或学生家长担任劳动教育兼职教师，协同开展劳动课程教学工作，满足学校劳动教育需求。对劳动教育专职教师，学校在绩效考核、职称评聘、评优树先、培养培训等方面与其他学科专业教师同等对待。我校根据本校实际条件，采取"请进来"与"走出去"相结合的方式培训教师，倡导参与式、体验式、探究式培训，积极探索新技术与教师培训有机融合的混合式培训模式，采用专题讲座、案例研讨、工作坊研修、现场教学、跟岗研修、线下培训与线上培训相结合等多样化的培训方式，提高培训效率。培训内容着眼课程理念，帮助教师深刻认识劳动教育的意义、领会劳动课程的设计意图、核心素养的表现，把握劳动课程任务群与核心素养的关联，不断探索指导劳动实践的方法，推动更好地达成课程目标，落实立德树人根本任务。

最后是强化服务支撑，夯实劳动教育保障。学校将劳动教育经费纳入学校全年经费计划，健全经费投入机制，多渠道筹措资金，加强学校劳动教育，多次通过社会捐赠、公益性活动等途径开展校外劳动实践活动；我校建立劳动教育专项"安全管理制度"和"安全预案"，注重加强对师生的劳动安全教育、强化劳动风险意识、不断建立健全安全教育与管理并重的劳动安全保障体系。

3. 深化三方联动，拓展"美好"劳育阵地

重视场景升级，打造校内劳动实践基地。学校特别关注学生真实情境中的学习，为了更好开展劳动教育，让学生深度体验劳动，感受劳动的快乐与劳动的价值，特建设与改造了一批劳动专用教室、中西厨房、手工艺坊、教学楼道苗圃等，开辟了1600平方米的楼顶生态种植园，力争达到"教""学""做"合一的育人理念。

第一是家庭学校联动，助力学生养成。我校积极与家庭联结，充分发挥家庭、家长委员会的力量，根据学段和年龄设置"劳卫清单"，要求学生每月学会一项生活小技能，践行劳动"每日打卡"活动，如"我帮妈妈做家务""我家的一米小园子"等。每年我校都会在金秋举行"丰收嘉年华"活动，邀请家长共同策划，共同参与，体验耕种的辛苦，享受丰收的喜悦，促进亲子感情，激发学生的劳动热情，让学生真正懂得劳动的意义。

第二是依托社会资源，拓宽劳动范围。我校依据"因地制宜，宜工则工，宜农则农"原则，充分利用社区、企业、医院、农场等场所资源，以及劳动模范、具备技能特长的人才等人力资源，结合本地历史文化传统、风俗习惯，系统安排社区劳动，并开展有针对性的劳动教育。如重阳节组织学生开展慰问孤寡老人的志愿者活动，帮助老人干一些力所能及的家务，陪老人共度美好一天；"学雷锋月"带领学生上街进行义务劳动，帮助清洁工人打扫卫生。2021年10月份，我校与陕西中医药大学人文管理学院签订双方协议，举行"中医药文化进校园"的活动，引进中医药资源，在我校生态种植园开辟中药种植区，开展了认识和炮制中药材的实践活动。

学校劳动实践基地及活动照片

重视优创课程建设，涵养"美好"劳育文化。学校根据《义务教育劳动课程标准（2022年版）》中的学习任务群安排，开发劳动项目，形成校本化劳动清单，结合办学特色与环境条件，根据中小学各学段的年龄特点和兴趣特点，遵循螺旋式上升、循序渐进的教育规律，研发对应配套的"基础—提高—加强"三级劳动课程体系，将劳动教育课程不断体系化、人文化，并在课程实施过程中不断调整课程内容及实施途径，使其适应时代的发展和学生日益增长的劳动需求，培养优秀的新时代劳动者。

首先是基础课程。学校根据《意见》要求开齐开足劳动教育课程。根据学段特点，设立劳动教育必修课程。将24学时劳动教育必修课计为学分课程，制订并实施《秦都区英才学校劳动教育特色项目建设方案》，围绕劳动精神、劳模精神、工匠精神，将劳动教育元素融入日常教学，实现劳动教育课程在教学过程中的全覆盖。我校为不同年级学生定制劳动清单课程，一方面利用校内外平台资源，丰富劳动课程形式；另一方面在课程实施中，结合学生年龄经历，在学校劳动课程体系下，利用劳动主题月、寒暑假劳动作业等契机，为不同年级学生定制劳动清单、劳动主题，推动劳动课程持续向广度、深度探索。同时，学校不断推进劳动教育资源建设，特别是劳动课堂资源的数字化建设。着手分批、分步录制不同劳动项目的课堂实录、微课和微讲堂视频，形成了学校劳动课数字化资源库。

其次是加强课程。学校依据新课标理念，以构建学校"跨学科融合"式劳动课程为目标，按照"体验""实践""探索"三个层次螺旋式上升的原则，编排了包括节气文化、劳动常识、烹饪、养殖等课程。

学校根据中华人民共和国教育部《义务教育劳动课程标准（2022年版）》，结合我校"美的风景 好的教育"的教育理念，在学校"五美少年"争章体系中单设"劳卫玉兰少年"争章板块，对应劳动课程体系三大板块设置三类奖章：日常劳动生活"巧手美——

家务小能手章"、生产劳动"劳作美——劳作小达人章"、服务性劳动"公益美——绿色小使者章",学生完成具体劳动实践项目获得相应劳动奖章。并以学校楼顶生态种植园奖励采摘的方式让孩子再次体验成功的喜悦,形成劳动最光荣的良性循环。

评价实施过程中注重内容多维、评价方法多样、评价主体多元,以教师评价为主,鼓励学生、其他学科教师、家长等参与到评价中,设置《秦都区英才学校劳动任务单》《秦都区英才学校劳动课程阶段综合评价表》,将平时表现评价与学段综合评价结合,定性评价与定量评价结合,从"劳动观念、劳动能力、劳动习惯与品质、劳动精神"四个维度评价,引导师生关注劳动成果和关注劳动过程表现。

重视依托特色活动,丰富"美好"劳育实践。学校坚持深化拓展"课程+活动"的劳育形式,通过多元化的活动引导学生动手实践,体验劳动经历,获得劳动素养的全面提升,实践过程中涌现了一批特色活动。

注重"劳育+劳动周"。学校设立独具特色的劳动周,每学期结合特色节日,有目的、有计划组织实施。劳动周以学生的生活为起点,将劳动观念与劳动精神融入课程,既有劳动实践,又有文化的传承,劳动以一种更加固定的形式融入学生生活。比如2022年秋季学期劳动周以"晒秋"为主题,春季学期劳动周以"十二生肖"传统文化为主题,夏季学校各年级以"立夏时节"为主题进行劳动周展示活动。

强化"劳育+学科"。学校注重挖掘教材中显性或隐性的劳动教育元素,分类梳理各个学科中的劳动教育资源并提出劳动教育的主要融入方式,根据学科特点设计不同的劳动教育内容,在学科教学中有机渗透劳动教育。比如,语文、道德与法治学科,渗透劳动价值观、劳动态度、劳动意识等内容;数学、科学学科,加强对劳动技能、劳动思维的培养。每门学科的课程安排中都有跨学科综合实践主题的内容,学校鼓励教师选择与劳动相关的主题进行设计,以跨学科的视野开展主题性劳动实践活动,将劳动教育无痕融入各个学科的日常教学。以"语文+劳动"课程为例,我校教师利用语文教材中的相关资源设计多样的拓展活动与实践活动进行劳动价值观的渗透,比如歌颂劳动人民智慧与创造的课文《纸的发明》《千年梦圆在今朝》,学习勤俭节约、敬业奉献的《千人糕》《清贫》,赞美精益求精、坚持不懈劳动精神的《刷子李》《纪昌学射》等,不断培育学生的劳动情感,培养学生的劳动技能。

夯实"劳育+项目"。学校根据学生需求和已有的课程基础,构建了开放且多元的劳育项目化课程,比如一年级的蚕豆课程、三年级的种桑养蚕课程、六年级的小动物养殖课程等。我校每学期举行"最美书签"设计制作大赛。书签制作要用到的花、草、纸都需要学生通过自己的劳动获得:先是栽花种草,收获花草后再造纸,而后配以诗文,设计书签的形状、比例，最后过塑装裱、制作成书签。最后在学期末的"最美书签"设计制作大赛中进行公开展示。在完成这个项目的过程中，学生各方面的素养得到全面的提升。

搞好"劳育+传统文化"。学校结合传统工艺制作任务群，设计建设了"篆刻坊"，学校将充分认识本地历史文化传统、风俗习惯等，以丰富多样的劳动教育课程资源、更加具有地域特色的教学模式对学生进行教学。挖掘地方特色文化有机结合校情学情，开展劳动教育课程资源的开发。劳动创造幸福、实干成就伟业。秦都区英才学校将继续探索新时代劳动教育新路径、新模式，整合多方资源，融创新时代"美好"劳育，打造以劳树德、以劳增智、以劳强体、以劳育美、以劳创新的劳动教育氛围，培养德智体美劳全面发展的新时代接班人！

（二）勤俭节约美德教育：爱粮节粮育英才，绿色生活创美好

学校自建校以来深入贯彻落实习近平总书记关于粮食安全的重要论述精神，学校紧紧围绕保障国家粮食安全需要，扎实推进全市粮食基地校建设，积极促进"人才兴储"，培养"粮工巧匠"，培育英才少年，担当粮安使命健全完善粮食安全及反浪费宣传教育长效机制，教育引导学生树立"爱粮节粮、崇尚劳动"意识，形成绿色生活方式。2020年我校被咸阳市发展和改革委员会授予"咸阳市粮食安全教育基地"称号，学校劳动教育和综合素质教育受到上级部门和社会各界的广泛赞誉。

1. 建立长效机制，营造良好氛围

学校成立了粮食安全宣传教育工作领导小组，构建了"行政干部、党员教师、班主任、学生干部"四级联动工作体系，实现纵向到底的全方位宣传教育矩阵。学校将"光盘行动"工作纳入常态化管理，在校内通过评选优秀宣传员、示范员、示范班等途径，树立典型，鼓励先进。通过周评比、月考核及年底评优，提高师生主动参与"爱粮节粮"的积极性。

2. 推进阵地建设，拓宽教育路径

学校打造了占地1400多平方米的"劳动教育实践基地"，为开展粮食安全宣传教育和田园劳动实践教育搭建了实体化阵地。实践基地分为理论学习展区和实践种植区。劳动发展史理论学习展区通过各个展台和梁柱以图文形式展示劳动发展史、农耕文化史和农耕工具，对学生进行劳动和农耕文化的普及。种植区由瓜果区、蔬菜区、花卉区、草药区、粮食区五个板块构成。学生通过农耕体验多维度见证"从田间到餐桌"的艰辛过程，沉浸式感受劳动者付出的辛勤汗水，体会"粒粒皆辛苦"的真正内涵。此外学校通过主题班会、红领巾广播站、公众号、抖音、视频号宣传平台、走廊宣传栏、手抄报等教育实践活动开展粮食安全主题宣传，营造良好教育氛围。

3. 丰富活动载体，加大辐射范围

学校不断丰富活动载体，通过组织形式多样的教师专题培训、网络学习课程、学生劳动实践活动、家校合作活动进一步推动粮食安全教育走实走深，在家校社联动中加大辐射范围和力度，倡导学生小手牵大手，达到"教育一个人，规范一个家庭，影响整个社会"的良好效果。

4. 构建三阶课程，丰富教育内涵

关于基础课程。学校在劳动课和综合实践课程中专设"粮食安全"板块，从粮食溯源、农耕体验、爱粮节粮、健康饮食等方面对学生进行科普，让孩子感受"大国粮仓"的魅力，了解民族工农业发展历程，认识粮食安全的重要性，牢固树立劳动最光荣的思想。

关于加强课程。学校以班会、队会、团课、国旗下讲话、生态种植园劳动实践为载体，结合二十四节气开展主题教育活动，引导学生感知时令变化，了解中华农业文化渊源。

关于拓展课程。学校于生态种植园常态化开展春季"点瓜种豆"课程、五一劳动节"勤锄草"课程，秋季"采摘"课程，冬季"冬藏"课程，让学生亲历四季农耕，感知粮食珍贵。

学校开展实践劳动课程照片

5. 挖掘特色活动，打造特色品牌

学校围绕"爱粮节粮"这一主题，结合自身特点，突出特色，提升趣味性、知识性、实用性。打造了一系列特色活动品牌。

学科大融合活动。学校鼓励各科老师们从学科特点出发，设计项目化学习活动，鼓励家长带学生参加实践劳动，促进学科融合，树立节粮意识。开展"餐桌上的中国"主题德育实践系列活动，通过食品安全讲座、主题趣味运动会、食材服装秀、蔬菜采摘、烹饪实践等丰富形式加强劳动教育，弘扬中华民族传统美德，树立勤俭新风尚。数学课要求学生调查每天家庭浪费粮食的数量，推算全球每日浪费粮食数量，提供有创意的解决方案；语文课学生与家长齐诵散文诗《稻谷》，共同创作节约粮食绘画、歌曲；生物课让学生认识小麦、玉米，了解普通与改良品种的差别，尝试用知识推动实现全球"零饥饿"等。

金秋丰收嘉年华活动。学校在每年10月结合世界粮食日主题开展金秋丰收嘉年华活动，

邀请学生家长参与活动，通过"厨王争霸""剥玉米""蔬果比拼""你画我猜""捡豆子"等丰富多彩的比赛项目，让孩子们在欢声笑语中共享丰收的喜悦，增进亲子关系，弘扬中华民族传统美德，树立勤俭新风尚（附录39）。

学校"丰收嘉年华"活动照片

（三）品牌心理课程：从"心"出发，共育美好

党的十八大以来，以习近平同志为核心的党中央高度重视和关心广大学生的心理健康和成长发展，党的二十大报告提出要"重视心理健康和精神卫生"。为认真贯彻党的二十大精神，全面加强和改进新时代学生心理健康工作，提升学生心理健康素养，2023年4月，教育部等十七部门印发《全面加强和改进新时代学生心理健康工作专项行动计划（2023—2025年）》，明确了新时代学生心理健康工作的指导思想和"坚持全面发展""坚持健康第一""坚持提升能力""坚持系统治理"的基本原则，提出了新的工作目标，部署了主要任务。学校在学生心理健康工作的体系建设和具体工作落实中承担着主要职责，要统筹教师、课程等建设，同时要充分协调家庭、社区、医院等各方面资源，辐射学校教师、学生家庭乃至整个社会开展心理健康工作，为儿童青少年健康成长营造良好氛围。

为全面落实立德树人根本任务，深入贯彻国家、省、市、区关于心理健康教育的相关文件精神要求，切实加强未成年人心理健康教育，我校结合"美的风景 好的教育"特色办学理念，积极打造秦都区英才学校"144N"心理健康教育工作体系，即明确1个指导思想"以人为本、以心育心"；秉持4个理念（了解学生心理需求，优化学生心理品质，激发正向心理能量，营造健康心理氛围）；围绕4个建设（阵地建设、育心队伍建设、育心课程建设、联动融合育人机制建设）；争创"N"个特色活动品牌。坚持教育从"心"出发，共育美好英才，为学生的全面发展保驾护航。建校近5年来，我校高度重视心理健康教育，不断加大对心理健康教育工作的投入，完善师资配备和软硬件设施，精心筹划丰富多彩的心育活动，将心理健康教育工作落到实处，已逐步形成英才特色的心理健康教育模式。

1. "1+3"育心队伍建设，健全"美好"护航机制

学校心理健康教育在领导小组的带领下，以学校行政、有资质的专职教师和各班主任为主，以中队辅导员、专任心理健康教师（我校现有陕西师范大学应用心理学研究生、国家二级心理咨询师一名）、袁×家庭教育工作室为辅，全校教师共同协作，构建起"学校—班级—学生"三级梯度的心育体系，成立了以校长、主任和心理教师为主导，年级组长、班主任为主体的心理健康教育工作团队，学校各班设有心理委员，在班主任的指导下积极开展心理主题班会、心理活动等，关注学生全面发展，积极推进本校心理健康教育工作。我校勤抓队伍建设，定期组织班主任及科任老师开展心理教育集体备课、案例研讨等活动，使其架起与学生之间的心理桥梁，提高了沟通交流技巧，为全校师生的心理健康保驾护航。注重心理健康教师的专业技能提升，学校多次组织班主任教师积极参加各级各类心理培训活动。重视心理教师积极进行心理专业技能提升，参加秦都区心理健康辅导教师

培训班、清华大学李焰博士叙事疗法初阶培训班、21天OH卡线上工作坊等活动，线下积极阅读心理相关书籍，加强专业修养。我校积极开展心理健康教育课题研究，依托家庭教育工作室总结、推广心理健康教育经验和家庭教育经验。学校进行了《离异家庭教养方式对小学生道德推脱行为的影响研究》《小学生心理健康教育途径与方式研究》两个课题的研究，均已结题，目前已申报区级课题《基于绘本教学的小学心理健康教育实践研究》，不断推动学校心理健康教育工作，为学生心理健康教育提供科学依据。

2. "1+N"阵地建设，构建"美好"育心格局

第一是打造心理健康主阵地，课堂渗透起实效。

发挥心理咨询室的引领作用。学校辟出专门区域，设立"心理咨询室"，由我校心理教师开展心理辅导工作。共设立心理辅导办公室兼心理咨询室、沙盘游戏室、团体活动室、宣泄室等功能区，购置了心理测评系统、宣泄器材等心理器材，力求为求助的师生营造一个更宽松、温暖、和谐的活动环境。坚守课堂主阵地作用。我校将学校心理健康教育主要贯穿于日常的教育教学之中，尤其是在道德与法治课堂中渗透心理健康教育，注重引导教师挖掘教材中有利于培养学生良好心理素质的因素，通过巧妙的设计，通过组织各种活动，使师生之间达到共鸣和合声，实实在在推进心理健康教育。

第二是强化班级阵地作用，文化育人创氛围。

发挥班主任和班集体带动作用。班级是学生学习生活的主要场所，学校重视班级文化建设，通过班级文化墙、图书角、黑板报等形式，创建温馨、积极向上的班级氛围，在潜移默化中培养学生良好心态。

第三是发挥宣传阵地作用，构建融合育人机制。

利用广播、学校微信公众号、电台、心理教师个人微信等方式，与学生、家长保持线上联系，传播心理健康知识。我校特为一年级新生家长开展《做胸有成竹的超级爸妈》《用心陪伴，静待花开》《解教养方式，通成长漫道》等系列心理小课堂，帮助学生和家长尽快适应幼升小带来的变化，为家长教养方式提供必要的指导和建议。同时，心理教师、班主任等利用手机、网络等方式，及时了解学生和家长心理动态，及时解答家长在教育中出现的困惑，帮助其更好地进行家庭教育。我校与咸阳市新活力志愿服务中心初步建立合作关系，同时引进专家对我校师生提供专业心理服务。积极构建社会联动融合育人机制，为全校学生全方位、多路径提供高质量心理健康教育服务。

3. "三位一体"育心课程建设，深化"美好"育心内涵

学校坚持"心育课程化，内容鲜活化，目标行为化，过程活动化"的工作目标，构建"基础课程—拓展课程—加强课程"三位一体育心课程体系。推动学校心理健康教育规范

化、科学化、专业化。

关于基础课程。学生心灵成长课程是学校心理健康的常态化课程。学校每月针对不同学部学生实际情况和需求，通过班会、讲座、团体互动等形式，开展主题教育活动，包括心理健康基础知识宣传、自我认识、情绪管理、人际交往、生命教育、生涯规划等主题。本学期针对小学生人际交往状况，对三、四年级学生开展《微笑相伴，携手同行》心理主题讲座，以情景演绎的方式帮助学生和谐相处；对六年级学生开展《做受欢迎的人》主题教育活动，培养学生正确的价值观和人际交往方式；对初中生开展《春暖花开，心向暖阳》心理讲座，让学生更科学地认识情绪，学会调控情绪的方法。

关于拓展课程。学校针对起始年级和毕业年级开展主题心理教育。如面向一年级入学新生家长，开展《做胸有成竹的超级爸妈》《用心陪伴，静待花开》《解教养方式，通成长漫道》等系列心理小课堂，帮助学生和家长尽快适应生活中的变化，为家长教养方式提供必要的指导和建议。面向六年级、九年级毕业班开展《我的未来不是梦》《期末考前指导》等心理讲座和心理广播系列活动，同时邀请家庭教育研究会专家对全体学生进行生命教育，提高学生的抗压能力，预防心理危机。在教育过程中对于个别班级产生的特殊心理行为问题，及时进行针对性教育，及时塑造学生的积极行为。如针对低年级学生的性别意识不强进行的性别教育系列活动；针对个别班级集体意识涣散进行的《我爱我们班》《我是班级一分子》等主题活动。

关于加强课程。五类儿童关爱课程为了加强对留守儿童、残疾儿童、问题学生、贫困学生、学困学生教育管理，结合我校的相关要求，切实关爱"五类儿童"，帮助"五类儿童"健康成长，学校组织了《携手同行，快乐成长》《手拉手，我们都是好朋友》等心理团体辅导活动，给这些儿童营造一个健康成长的良好环境，让他们能够在温暖的大家庭中快乐成长。"一对一"针对性辅导学校心理教师及班主任为学生提供不同形式的心理服务。服务形式有：①面谈，我们对心理咨询室进行了重新布置，完善了辅导制度，力求为学生创设一个温馨舒适的环境，如果学生有某种心理问题和困惑，可直接到辅导室找老师谈心交流，如果班主任发现学生出现异常心理，可在征询学生意见的情况下，带至心理室进行个别辅导；②书信辅导，如果学生有某种心理问题，又觉得不便与辅导老师口头交流的，可以通过心语信箱匿名联系，心理教师会通过广播对学生的疑问进行解答。

4. 打造心理教育活动品牌，彰显"美好"育心特色

我校坚持"预防＋发展"的心理健康教育工作模式，深化拓展"课程＋活动"的心理教育形式，通过各种形式的活动向师生、家长普及心理健康基本知识，帮助学生树立"积极、活泼、圆融"的心理健康意识，促使其了解心理调节方法，挖掘学生心理潜能，聚焦学生学习能力、人际交往、升学择业以及生活和社会适应等方面的能力提升，实践过程中涌现了一批特色活动。

依托绘本开展心理教育。绘本由于其图文结合的特殊性，深受广大学生的喜爱，学校心理教师精心筛选不同主题心理绘本，如亲子关系、情绪调节、个性发展、同伴交往、学习心理、生命教育等主题，通过交流分享、情景演绎、心理绘画等方式，激发学生的学习兴趣，促进其智力发展，使学生获得积极的情感体验，受到真善美的感染，为孩子将来的人格播下坚强、自信、乐观向上的种子。

利用沙盘进行写作指导。沙子是孩子最爱玩的游戏之一，在沙盘创建的过程中，孩子可以将情景再现，他们的体验就可以自然流淌于笔尖。沙盘游戏与作文的结合符合小学作文新理念——"减少对学生写作的束缚，鼓励自由表达和有创意地表达"，为了让孩子提升写作兴趣，勇敢表达心声，我校开展了《快乐玩沙盘，轻松写作文》活动，积极探索沙盘在学生写作中的积极作用。

创设环境营造温馨氛围。教师心理素质对教学的影响极其重要，一个心理健康、能够承载情绪的教师，才可能为孩子身心健康发展提供支持与陪伴。学校重视对教师心理关怀，通过教师生日会、教师沙龙、团体心理辅导等形式，为教师创建温馨的工作环境，及时了解教师工作和生活中的问题，让教师能够快乐工作、优雅生活。

（四）推进城乡携手，聚力优质均衡

人民群众对基础教育有新期盼。在实现"有学上"之后，人民群众对"上好学"的需求日益迫切。一方面，人民群众对优质教育资源的需求更加强烈，都希望能上"好学校"，这就要求我们要千方百计扩大优质教育资源，大力增加优质学位供给，从供给侧改革来增强人民群众对基础教育的获得感、幸福感。另一方面，人民群众对教育公平的诉求更加突出，对优质教育"既患寡又患不均"，这就要求我们必须大力推进均衡发展和城乡一体化，解决好基础教育区域、城乡、校际差距问题，特别是要解决好师资水平的校际差距问题，进一步促进教育公平，提高人民群众对基础教育的满意度。

2023年2月，秦都区英才学校与双照庞村小学、双照中心小学、双照西城小学结为学校发展共同体学校。秦都区英才学校作为核心学校，积极整合优质资源，通过共同体校领导参与每周行政例会统筹推进校际管理制度共享、文化理念浸润，通过开展校际"青蓝工程""强师计划""送教下乡"等活动促进教师队伍建设、教育教学提升，举办教育共同体体育健康节、文化艺术节增加学生活动交流，共同探索资源共享、优势互补区域协作、共同发展的城乡办学新模式，实现区域优质教育资源共建共享，促进区域教育优质均衡发展。

新时代城乡教育共同体启动仪式

送教下乡

附录1

秦都区英才学校美少年评价体系

一、评价细则

（一）"班级五美少年"评价细则

1. 班级美德"蔷薇少年"

讲究文明，尊敬师长，不顶撞师长，能主动与老师、家长交流沟通，语言文明，举止大方。关心帮助同学，与同学友好相处，珍惜同学友谊，取长补短共同进步，并能主动协调和处理同学之间的矛盾。关心集体，爱护学校一草一木；乐于助人，有社会责任感，有为他人和社会服务的良好意识，积极参加公益活动。珍视集体荣誉，维护集体利益，努力为班级、为学校增光，为校徽添彩。

2. 班级乐学"紫藤少年"

学习目标明确，有良好的学习习惯，科学的学习方法，较强的学习能力，学习成绩优秀，学习态度端正，勤奋进取，勤学善问，积极参加讨论，勇于发表见解，能按要求完成作业。能保持良好的学习状态，努力并能克服学习中遇到的困难，尽己所能，取得进步。

3. 班级健康"石榴少年"

有健康的生活方式和强健的体魄，精力充沛，性格开朗，心理健康，愿意与他人交流思想，积极参加各项体育活动和竞赛。

4. 班级才艺"月季少年"

仪表端庄，爱好高雅，健康向上，有正确的审美观，能感受生活和学习中的美。积极参加班级或校内外组织的各种艺术活动，能用多种方式进行艺术表现和创作，富有创新。

5. 班级劳卫"玉兰少年"

热爱劳动，不怕脏，不怕累，能按要求完成班级卫生值日任务。爱护环境卫生，无乱丢纸屑、乱倒垃圾、乱涂乱画等不良卫生习惯。具有良好的个人卫生习惯，勤刷牙、勤洗澡、勤理发、勤剪指甲、勤换衣裤，每日自备水杯来校。

（二）"学部五美少年"评价细则

前提：申请"学部五美少年"其中一项荣誉，必须取得"班级五美少年"，并集齐"班级五美少年"五枚徽章的学生，申请时必须上交申请表和已经集齐的五枚徽章。

1. 学部美德"蔷薇少年"

（1）行为美：①具有良好的文明礼仪习惯，不乱丢垃圾，不追跑打闹，上下楼梯轻声慢步靠右行，校园活动有序排队，不做危险不卫生游戏，能遵守《中小学生日常行为规范》；②珍爱生命，具有较强的安全意识，认真学习各类安全知识，不做危险行为，上学时间不随意出校门，遵守学校路队纪律；③遵守法律法规、社会公德，遵守交通规则，公共场所不推挤、不插队、不喧哗，礼让他人，就餐文明；④尊敬老师，尊敬父母，虚心接受老师、父母、长辈的教导；⑤同学之间友好相处，尊重他人，不欺负弱小，不讥笑、戏弄他人；⑥绿色阅读、健康上网，不进入网吧、游戏厅等未成年人不宜进入的场所。

美德"蔷薇少年"
花语及评价标准

（2）仪表美：①正确佩戴红领巾、校徽，保持干净鲜艳、不卷边、不破损；②讲究个人卫生，着装整洁、朴素大方；③公共场所不敞衣、脱鞋，不穿背心、拖鞋来校，不追求名牌；④不涂脂抹粉，不佩戴项链、耳环、戒指等饰物，女生发饰得当；⑤保持正确的坐、立、行姿势，不边走边吃；⑥注意言行举止，对人和气、动作文雅、微笑待人。

（3）语言美：①坚持说普通话，不骂人，不说脏话、粗痞话，不说地方话；②讲话有理、声音亲切，文明语言"请、谢谢、对不起"常挂嘴边；③与人说话态度诚恳、谦虚，不轻易打断别人的话，不在他人面前说长论短、搬弄是非；④讲礼貌，见人要主动打招呼，不直呼老师、父母、长辈姓名，不给他人取绰号；⑤课堂上不讲小话，不随意插嘴打断老师讲课，回答问题声音响亮、语言规范；⑥课间及其他公共场合，说话不高声，不大喊大叫，不争嘴吵架。

（4）心灵美：①诚实守信，不说谎话，考试不作弊，知错就改；②乐于助人，待人热情，为人谦让，不争强好胜，与同学和睦相处；③意志坚强，遇到困难努力克服；④服从集体，学会合作，认真完成集体交给的任务，不做有损集体荣誉的事；⑤从身边小事做起，积极参与学雷锋活动，认真践行雷锋精神。

2. 学部乐学"紫藤少年"

（1）按时上学，不迟到，不早退，不逃学，有病有事要请假。

（2）课前准备好学习用品，爱护书籍等学习用品，上课认真听讲，积极思考问题，乐于举手发言。

（3）有良好的学习习惯，讲究学习方法。如姿势要端正、书写工整、卷面整洁、不懂就问、课前预习、课后复习等。

（4）每天按质按量按时完成作业，不拖欠作业。

（5）喜爱阅读课外书籍，每学期能读完5本以上的课外书籍。

（6）积极参加各种实践学习活动和比赛，如征文比赛、数学竞赛、英语竞赛、科技模型比赛等。

（7）所有学科成绩都能达到优良，无偏科现象。

乐学"紫藤少年"花语及评价标准

3. 学部健康"石榴少年"

（1）能自觉坚持每天进行阳光体育锻炼，具有较好的身体素质。

（2）积极参加各类体育活动，具有顽强拼搏的精神。

（3）每日课间操、眼保健操遵守纪律、保持安静、积极认真、动作规范。

健康"石榴少年"花语及评价标准

（4）参加校篮球队训练按时出勤、认真练习，取得明显进步。

（5）体育、校本课程等学校各项体育测验成绩达到良好以上。

（6）能较出色地掌握一两项体育技能特长，并在相应的体育竞赛中获奖或得到体育老师的认可。

4. 学部才艺"月季少年"

（1）主动参加各类才艺学习活动，拥有舞蹈、音乐、英语、书法、器乐、美术等一至两项特长，并能认真完成与之相关学科的学习任务、作业等。

（2）能大胆表现自我，积极参加各级各类才艺比赛，并取得较优异的成绩。

才艺"月季少年"花语及评价标准

（3）认真参加相关才艺的训练队，在日常训练中按时出勤、认真培训、表现突出，被评为优秀队员。

（4）热心班级事务，能发挥自身特长在班级活动中展现才艺，积极主动为班级事务贡献力量。

5. 学部劳卫"玉兰少年"

（1）热爱劳动，不怕脏，不怕累，能按要求完成班级卫生值日任务。

（2）爱护环境卫生，无乱丢纸屑、乱倒垃圾、乱涂乱画等不良卫生习惯。

（3）具有校园小主人精神，能经常主动拾起地上垃圾、并劝导身边同学爱护环境卫生。

（4）具有良好的个人卫生习惯，勤刷牙、勤洗澡、勤理发、勤剪指甲、勤换衣裤，每日自备水杯来校。

（5）自理能力强，保持课桌内外干净整洁，能自己整理书包、收拾房间，每天帮父母做力所能及的家务劳动。

（6）爱护学校公共财产。

劳卫"玉兰少年"
花语及评价标准

（三）"英才五美少年"评价细则

前提：申请"英才五美少年"，必须取得"学部五美少年"，并集齐"学部五美少年"五枚徽章，申请时必须上交申请表和已经集齐的五枚徽章。

1. 积极践行社会主义核心价值观，热爱祖国，热爱人民，热爱中国共产党。

2. 具有优良的思想品质和良好的文明行为习惯，理想远大，有进取精神。

3. 模范遵守《中小学生守则》《中小学生日常行为规范》。

4. 积极参加集体活动、公益性活动和社会实践活动，乐于为集体和同学服务，在同学中享有较高的威信。自己优秀的品质对身边的人有较大的引导和帮助，在社会上有较好的影响力。

5. 学习目的明确，学习态度端正，具有良好的学习习惯和科学的学习方法，勤奋学习，成绩优秀。

6. 积极参加体育锻炼和文娱活动，有健康的身体、良好的卫生习惯和良好的心理素质，体育锻炼达标，体育成绩良好。

（四）"英才美少年"评价细则

前提：申请"英才美少年"，必须取得"英才五美少年"，并集齐"英才五美少年"五枚徽章，申请时必须上交申请表和已经集齐的五枚徽章。

1. 遵守校规校纪，遵守《中小学生日常行为规范》和《中小学生守则》；上课时起立问好，认真听讲，大胆发言，课间做到右行礼让，慢步轻声靠右行。

2. 讲究礼节，见到老师和客人主动问好，自觉使用礼貌用语："您好""请""谢谢""对不起""再见""不客气"等，以礼待人，在学校起到模范作用。

3. 积极参与学校组织的各项活动，团结同学，富有爱心，助人为乐。在社会上能做到文明礼让，遵守交通规则，主动给有需要的乘客让座，时时刻刻展现"英才五美少年"的风采。

4. 养成良好的卫生习惯，勤洗手，勤洗澡，勤换衣，保持个人卫生时时洁净；认真参加值日劳动，自觉保持校内环境整洁；能主动拾捡杂物，经常做环保小卫士，宣传环保卫生理念，积极为班级和校园卫生出一份力。

5.学习态度端正,积极动脑,大胆发言,勤思善问,能灵活运用所学知识解决问题,具有探究精神和创新能力;能按时认真地完成学习任务,各科学业情况为优秀等级;把学习当作一件快乐的事,课内外主动学习,善于观察,乐于探究,有浓厚的学习兴趣和学习愿望。

6.喜欢读书,热爱读书,乐于与书为伴,有每天读书的好习惯。有一定的故事和图书阅读量,拓展知识,不断提高习作水平。积极参加学校的"读书节"活动,带动周围的同学多读书,将好书推荐给其他的同学,营造班级良好的读书氛围。

7.积极参加阳光体育活动,认真做好广播体操、眼保健操,注意用眼卫生和饮食卫生。

8.积极参与学校艺术、体育、科技活动,能代表学校参加各级比赛并取得优异成绩,课余时间培养发展自己的特长。

二、奖项寓意

1.美德"蔷薇少年"

寓意热情奔放,令人感到美好愉悦。蔷薇花美丽、圣洁,花团锦簇,挨挨挤挤,象征着崇高、神圣、高贵的品德,团结友善、互助友爱的高尚情操。

2.乐学"紫藤少年"

寓意不惧困难的探索学习精神。紫藤象征着勇于探索、有个性和创意、珍惜时间,又富有青春气息、纯真、俭朴、赤子之心,具有广泛的兴趣、博学多才,能够抱着一颗爱国的心,发愤图强,奋发向上,热爱学习,在学习中快乐,在快乐中学习。

3.健康"石榴少年"

寓意生机勃勃,让人感到生命朝气焕发。鲜红艳丽的石榴花让人感受到生命的热情,象征着健康的体魄,强大的生命力。

4.才艺"月季少年"

寓意五彩斑斓的花朵恣意成长,就像多才多艺的孩子。象征多才多艺的孩子们在英才这个大舞台尽情展现自己的魅力,展示自我,实现自己的才艺价值。

5.劳卫"玉兰少年"

寓意不畏艰辛,热爱劳动,珍惜他人的劳动成果。象征着"人人劳动为我,我劳动为人人"的团结合作,共同劳动,知恩图报的精神。

三、奖项的设置

1."班级五美少年"

"班级五美少年"是指在日常的班级学习和生活中,在德、智、体、美、劳等某一方面表现突出的学生。"班级五美少年"包括"班级美德蔷薇少年""班级乐学紫藤少年""班级健康石榴少年""班级才艺月季少年""班级劳卫玉兰少年"。

2."学部五美少年"

"学部五美少年"是指在学部安排的集体学习和生活中，在德、智、体、美、劳等某一方面表现突出的学生。"学部五美少年"包括"学部美德蔷薇少年""学部乐学紫藤少年""学部健康石榴少年""学部才艺月季少年""学部劳卫玉兰少年"。

3."英才五美少年"

"英才五美少年"是指在学校安排的集体学习和生活中，在德、智、体、美、劳等某一方面表现突出的学生。"英才五美少年"包括"英才美德蔷薇少年""英才乐学紫藤少年""英才健康石榴少年""英才才艺月季少年""英才劳卫玉兰少年"。

4."英才美少年"

"英才美少年"是指德、智、体、美、劳全面发展的榜样学生。对生活和学习充满自信，相信自己，温暖他人；对待他人友爱和善，乐于助人。心中充满阳光，朝气蓬勃、身心健康、自信友爱，知书识礼、身健和善、美艺博趣的翩翩少年。

四、评价时间

"班级五美少年"班级每周评选一次；"学部五美少年"学部每月评选一次；"英才五美少年"学校每学期期末评选一次；"英才美少年"学校每学期期末评选一次。

五、评价范围

1."班级五美少年"

学生在班级学习和生活中，在德、智、体、美、劳某个方面或几个方面有很好的表现，能够带动和影响班级他人的优秀学生。

2."学部五美少年"

获得过"班级五美少年"必须集齐五枚徽章的学生参评。

3."英才五美少年"

获得过"学部五美少年"必须集齐五枚徽章的学生参评。

4."英才美少年"

获得过"英才五美少年"必须集齐五枚徽章的学生参评。

六、名额分配

"班级五美少年"每班每周评选2人；"学部五美少年"每班每月评选2人；"英才五美少年"每班每学期评选2人；"英才美少年"（一年级每学期评选3人；

二至三年级每学期每年级评选 2 人；四至九年级每学期每年级评选 1 人）。

七、评价办法

采用四级评价的方式。

1. 初级阶段

"班级五美少年"徽章，学生在德、智、体、美、劳某一方面表现出色，由班主任或专科教师提出申请，年级组审核，并奖励其相应的"班级五美少年"徽章，引导学生各方面均衡发展。

2. 中级阶段

"学部五美少年"徽章，由个人申请、班主任评价、家长评价、同学评价、学部审核等部分组成，由学部奖励其相应的"学部五美少年"徽章。

3. 高级阶段

"英才五美少年"徽章，由个人申请、班主任评价、家长评价、同学评价、学部审核、学校审核等部分组成，由学校奖励其相应的"英才五美少年"徽章。

4. 终极阶段

"英才美少年"徽章，由个人申请、班主任评价、家长评价、同学评价、学部审核、学校审核等部分组成，由学校奖励其"英才美少年"徽章。

八、评价程序

（一）成立评价审核小组

1. 学校评价审核小组

组　　长：校长

副组长：副校长

成　　员：学部主任、家委会主任和副主任、学部学生代表

2. 学部评价审核小组

组　　长：学部主管校长

副组长：学部主任

成　　员：学部德育主任、年级组长、班级家委会主任、班级学生代表

3. 班级评价审核小组

组　　长：年级组长

副组长：班主任

成　　员：班级家委会主任、家长代表（2 名）、班干部

（二）评价流程

1. 符合"班级五美少年"的学生，由班主任或专科老师提出申请，年级组授予其相应的"班级五美少年"徽章，班级评价审核小组做好审核监督。

2. 符合"学部五美少年"条件的学生，先由学生提出申请，填写"学部五美少年"申请表，由班主任交予学部评价审核小组进行审核。

3. 符合"英才五美少年"条件的学生，先由学生提出申请，填写"英才五美少年"申请表，由班主任交予学部，学部审核后交予行政管理中心，由学校评价审核小组进行审核。

4. 符合"英才美少年"条件的学生，先由学生提出申请，填写"英才美少年"申请表，由班主任交予学部，学部审核后交予行政管理中心，由学校评价审核小组进行审核。

5. 所有审核小组审阅学生材料、统计结果，一定要公平公正。

6. 公示

（1）班级将评价结果在班级和家长群内公示3天，公示无异议者方为有效；公示有异议经查实者，撤销该生评选资格，并追究评价教师责任。

（2）学部将评价结果在学部内公示3天，公示无异议者方为有效；公示有异议经查实者，撤销其推荐资格。

（3）学校审核小组进行审核，将评选结果在学校内公示3天，公示无异议者方为有效；公示有异议经查实者，撤销其推荐资格。

九、进行表彰

对获得"班级五美少年"称号的学生由年级组颁发徽章；对获得"学部五美少年"称号的学生由学部颁发徽章；对获得"英才五美少年"称号的学生由学校颁发徽章；对获得"英才美少年"称号的学生由学校颁发徽章。

十、徽章设置

（一）初级徽章

"班级五美少年"包含"班级美德蔷薇少年"徽章、"班级乐学紫藤少年"徽章、"班级健康石榴少年"徽章、"班级才艺月季少年"徽章、"班级劳卫玉兰少年"徽章。

（二）中级徽章

"学部五美少年"包含"学部美德蔷薇少年"徽章、"学部乐学紫藤少年"徽章、"学部健康石榴少年"徽章、"学部才艺月季少年"徽章、"学部劳卫玉兰少年"徽章。

（三）高级徽章

"英才五美少年"包含"英才美德蔷薇少年"徽章、"英才乐学紫藤少年"徽章、"英才健康石榴少年"徽章、"英才才艺月季少年"徽章、"英才劳卫玉兰少年"徽章。

（四）终极徽章

"英才美少年"包含"英才美少年"徽章。

秦都区英才学校

2020 年 11 月 18 日

美德"蔷薇少年"
获奖学生感言

乐学"紫藤少年"
获奖学生感言

健康"石榴少年"
获奖学生感言

才艺"月季少年"
获奖学生感言

劳卫"玉兰少年"
获奖学生感言

附录 2

秦都区英才学校教学工作常规管理规程

(2018年9月修订)

为了进一步加强学校教学管理,建立正常、有序、良好、和谐的教学秩序,推进新课程和教学改革,提高教育教学质量,特修订《秦都区英才学校教学工作常规管理规程》。

一、教学工作量、听课任务

(一)学校中层以上领导的教学工作量

校长实际核定工作量。其他中层以上领导按教师工作量的 1/2 计算;工会主席按教师工作量的 1/4 计算。

(二)专任教师的教学工作量

小学、中学专任教师的教学工作量按照国家规定的课时定额标准就高计算满工作量。

(三)学校中层以上领导及教师的听课任务

1. 中层以上领导

(1)校长每学期听课 30 节以上,书记和其他中层以上领导每人每学期听课 20 节以上。

(2)主管教学的副校长、教务主任每人每学期听课 30 节以上。

2. 教师

学科负责人、年级组长每人每学期听课 20 节以上,教师每人每学期听课 16 节以上。

二、课程开设

严格执行教育部和自治区教育厅的规定,开齐课程、开足课时;根据办学条件,开设地方课程与校本课程。

三、教学计划

教师的教学工作计划的制订应在开学前完成,并应根据新课标和新教材的内容与要求,结合学校授课班级的实际情况,按照学校教务处、学科组和年级组工作计划提出的要求来制订,经教学主任审批后执行。教师制订的教学工作计划应包括以下基本内容。

1. 教学进度表

制定教学进度表，必须明确起止时间与章节或单元教学相对应的内容。

2. 学生情况分析

重点突出对学生已有的知识基础、学习方法、接受能力、个体差异等情况来综合分析。

3. 教材分析

着重从教材的内容、目标（目的）、要求和任务，重点、难点，关键及其突破的方法等方面进行分析。

4. 具体措施

就是完成教材教学任务所需的课时、起止时间以及实验、实习、参观等教学活动的具体内容。

四、课堂教学设计

（一）课堂教学的前设计（教案的编写与修订）

课堂教学的前设计即教案的编写与修订是教师上课之前各项准备工作的总称，它是上好课，提高课堂教学质量和效率的基础和前提，所以必须要求执教教师做到超前备课，杜绝无准备上课。课堂教学前设计的要求是熟悉和研究新课标。

熟悉和研究新课标，其要求是：领会和明确所教学科的教学目标（目的）和任务；领会和了解所教学科的内容体系，了解选取教学内容的原则，以便在教学中加以贯彻；领会和明确每一课题在整个教材内容体系中的地位和作用；在分析各课题（单元）之间联系的基础上，使自己的教学系统化；根据新课标的要求来制定教与学过程的详略，确定教学目标、重点和难点。

1. 认真钻研新教材

（1）课本（教材）是教学的主要依据，是学生学习的基本材料，因此备课必须以认真钻研教材为主。钻研教材应与钻研新课标相结合，在新课标精神指导下通读全册教材、教师教学用书和学习之友等教辅资料，从整体上了解教材的编写体系及意图，教学的目标、目的任务、知识结构、知识点的分布以及各部分教学内容之间的衔接关系，掌握各章节在全册教材中的地位和作用，明确课文重点和重点课文。

（2）在学期教学计划制订后，按照章节或课题，对各章节内容进行分析、综合、归纳、比较，作出图解、注释，同时了解本章节与前后知识的衔接，并参照教师教学用书的教学建议，确定课时的划分，写出单元教学计划。

（3）按照单元教学计划认真钻研每一篇（节）教材，弄懂教材中的思想内容、语言文字、概念、原理、定理、法则、公式和规律,明确要训练的技能、技巧和实践活动,开发学生的智力、培养学生的能力和思想道德品质;掌握教材的(三维)教学目标、目的和要求,以及对完成教学任务具有重要意义的教学重点、难点和关键,为驾驭教材创造条件,并在此基础上准备编写课时计划(即课时教案)。

2. 全面了解学生,增强教学的针对性、目的性

教师在备课中既要全面了解学生的思想认识、学习态度,又要了解学生的实际需要,只有这样才能增强教学的针对性、目的性,做到面向全体学生,因材施教,使学生学得主动积极,各有所得、各有发展。

3. 认真选择教学方法,精心设计教学

(1)教学方法的选择既要充分考虑到不同学科、不同内容、不同教学目的及学生的不同特点的实际,又要遵循教育规律、教学原则,符合学生认识客观事物的规律,同时也要体现学科的特点,使之有利于启发调动学生的学习积极性和主动性,达到培养能力、发展智力、增强实践的目的。

(2)教学程序的设计要遵从教学方法的需要,既要对采用的教具、提问的内容和板书的安排周密考虑,又要注意精心选择和设计练习,使之有利于学生理解和掌握知识,培养分析和解决问题的能力,有利于促进学生自主参与学习实践。同时,要按照规定科学合理地布置好课外作业,做到内容精细、分量适当,达到巩固和运用所学知识的目的。

4. 编写课时计划(教案)

教案的语言要简明扼要,格式不必强求一律,因人而异,详略得当,但教案的编写要系统、鲜明、实用,以方便教学为宜,以提高课堂教学质量和效率为标准。教案的编写要有创新,要符合学生和教学实际,杜绝原封不动地使用旧教案或照搬、照抄各种备课参考资料及现成教案范例的做法。教案写出后还要熟悉教案,使教案内容融化在自己脑海中,做到教学不离教案,但不能死板教学。教案封面书写要规范齐全,教案内容包括:①课题、(三维)教学目标(目的、教学要求);②教学重点和难点;③教学用具及准备;④教学方法;⑤教学内容及教学步骤;⑥课内外作业;⑦板书设计;⑧下一节课的预习提纲及预习方法指导;⑨编写含有课时序号、页码、上课时间;⑩课后教学反思。其具体要求如下。

(1)开学时写好本学期教学计划,交教务处审阅。要提前一天写好教案。每学期学校教务处、年级组、学科组检查教案不少于15次。教师上课一定要有教案,杜绝无教案上课。

（2）新教师的教案要经教研组长或备课组长审批后方可上课。

（3）备课要以个人备课研究为主，但应在个人钻研的基础上，发挥同课头（或学科）教师的集体帮助作用，提倡个体的备课研究活动与集体的备课研究活动（"备课、说课、做课、评课"）相结合起来。

（二）课堂教学的中设计（即时决策与设计）

课堂教学是教育教学的基本形式，是提高教学质量的中心环节。上好每一节课是传授知识、发展智力、培养能力、提高教育教学质量的关键，必须以教师为主导、学生为主体，搞好课堂教学这个中心环节。其要求如下。

1. 认真上课

（1）教师要把主要精力用在课堂教学上，严格遵守课程表及作息时间，不经教务处同意、不得私自调课、停课，做到准时上课，按时下课，不做与讲课无关的事宜；要善于处理好学生在课堂教学中发生的违纪、违规现象，绝对不准体罚或变相体罚学生，面向全体学生，尊重学生人格，坚持正面说服和教育，循循善诱。

（2）根据教材和学生实际，精心设计课堂教学的各个环节，合理分配"复习引入、讲授新课、巩固练习、归纳总结（课堂小结）、布置作业及下节课前预习"等环节的时间比例。

（3）根据新课标规定的（三维）教学目标（目的）要求以及教学原则和学生的认识能力，对教材进行教学艺术的处理，使整个教学过程深浅适宜，明确目标，突出重点，解决难点，抓住关键，详略得当，结构精巧，引人入胜，利于知识的吸收、消化和创新，教书育人，把传授知识、培养能力与思想教育和谐地结合起来。

（4）"教无定法，贵在得法。"提倡教学改革，把握继承与创新，努力提高课堂教学效率。注重学法指导，使学生愿学、会学、爱学、乐学，尤其是要注意采取提问、练习、观察、检测等方式，获取反馈信息，及时矫正弥补、调整教学进程，改进教学，转变教与学的方式。启发学生积极思维、敢于想象，勇于发言，引导学生集中精力动脑、动手、动口，耳听、眼看、心脑并记，着重培养学生的自学能力和实际操作能力。

（5）注重创设教学情境。利用现代化教学手段，加强直观教学，充分利用直观教具，培养学生的观察力、想象力，加强对知识的理解及灵活运用的训练。理科教学要加强课堂演示，实验操作技能的培养，示范动作要正确、熟练、规范，语言表达要准确、清楚、简练、有条理，力求生动、科学、优美。

（6）教学语言。清晰、简练、准确、严谨、通俗、易懂、形象、生动；抑扬顿挫、有节奏感;文明、质朴、规范,富有趣味性和感染力;坚持说普通话。

(7) 课堂气氛。恬静、活跃、紧张、愉快、和谐。

(8) 教态。衣着整洁、朴素、大方;态度亲切、诚恳、认真;感情真挚、热烈、冷静;举止庄重、自然、文明。

(9) 板书。简要、工整、形象、生动、脉络清楚,能突出重点,可疏通思路,一目了然,印象深刻。

(10) 要认真地处理好课堂练习或习题,留好作业(根据各类学生设计不同作业),检查预习、复习情况,指导学习方法,培养学生自学能力、记笔记的能力。

2. 即时决策

尽管教师上课前对课本教学做了充分的准备,但在实际教学中定会出现新的问题,这就必须要求教师有一定的随机应变能力,进行课堂即时决策。即时决策应把握以下几个方面。

(1) 了解学生。能有效地解决好即时决策与进一步的教学行为设计。

(2) 在课堂教学过程中,教师要注意抓住课堂中瞬间的教育时机(学生的问题、错误、质疑和探索)。把学生的问题、错误、质疑和探索转化为教育教学资源。

(3) 保护学生发现错误的意识,教师要善于运用学生发现的错误,调整自己的教学设计,以学定教,顺学而导。

(4) 让"节外"的"枝"生长起来,要借题发挥,因势利导。

(三)课堂教学的后设计(课后的反思)

教学反思的核心就是以简明扼要的文字总结成功经验,发现存在问题,提出改进措施,以利交流与提高。其要求如下。

1. 审视教学后的教案与实际教学的差距。

2. 请自己的同事进课堂观摩研究自己的教学,然后听取同事关于教学设计中存在问题的意见。

3. 有条件的学校可用录像的手段全程记录教师的教学,然后通过再现课堂实录,个体或集体来分析教学设计中存在的问题。

4. 从学生的学习反馈中获得应反思的问题。

5. 探究问题形成的原因

(1) 是否由教育思想与理念的偏差造成。

(2) 是否由技术与操作等问题引起。

（四）教案备写的基本要求

1. 封面写明学年、学期、科目、年班、姓名，加盖学校公章。

2. 首页必有教学进度计划表。

3. 注明上课时间，第几课时。

4. 基本格式：第几课时、课题、课型、教学内容、教学目标、教学重点、难点、教学方式（方法）、教学用具，教学过程（复习引入、新知探究尝试、巩固练习、归纳小结、布置作业等基本环节），板书设计，教后反思。

5. 新课、练习课、习题课、复习课、小结课、测试讲评等课型课课有教案、详略得当；新课必须是详案，设计新颖，体现新理念、新要求。其他课型可以依据课标、教学内容和学生实际而定，详略得当即可。

6. 学校检查要有评语、记录以及检查人的签字。

五、作业布置及批改

布置和批改作业是教学过程的一个重要环节，是巩固学生所学知识、反馈教师教学效果的必要手段，对加深理解、巩固记忆、培养能力有重要意义。其要求如下。

（一）作业目的

布置作业要目的明确，注意精选，要有利于巩固知识、发展智力、培养能力。

（二）作业量要适当（保证至少完成教科书中的作业）

要教育学生独立、认真按时完成书面作业，在指导学生复习课堂内容的基础上，要认真审题，提高作业的正确率。同时，也要重视布置适当的思考题、小制作、小实验等课外作业。对于学有余力的学生，根据其爱好，有选择地布置一些提高性、灵活性作业，以培养他们对本学科学习的兴趣。

（三）作业批改

讲评要认真及时，作文批改必须在两周内完成。对作业中出现的突出问题要有记录，及时指导学生更正。批改符号统一规范。批阅时间与授课时间应相符。

（四）作业要有一定的格式要求

书写工整、洁净。要具体指导，严格训练，培养学生良好的作业习惯。每学期学校或教务处至少搞一次作业评比，抽查作业两次以上，教研组至少抽查作业四次以上。

（五）作业及批改的基本要求

1. 封面写明科目、年班、姓名、学校；低年级学生作业封面可由教师填写。

2. 要求学生独立完成作业，认真书写，规范作图，有错必更正，通过练习、作业达到复习巩固提高的目的。

3. 要求教师题题批改，一题一号，使用对号（√），或错号（×），错处注明，一目了然。禁止使用问号（？）、半对号、一页一个对号或一页一个错号。

4. 凡是做在作业本上的习题或练习、更正题、测试题等，都要及时批改，严禁不批、漏批、错批！

5. 批改时间和评语要工整书写，合理占用位置。

6. 评语使用激励性的评价语言。

7. 学校依据校情科学合理地制定出各学科的作业量以及作业批改的次数，以便查对。

六、复习

复习是帮助学生巩固知识、进一步培养学生能力、发展智力的一个重要环节。在教学过程中要重视和加强复习工作。其要求如下。

1. 复习应包括平时复习、阶段复习（一章或一单元）、学期复习和考前复习。

2. 复习要根据新课标的要求和学生掌握知识情况有计划地进行，切忌简单地重复和面面俱到，要抓重点，注意弥补学生知识的缺陷和漏洞，培养学生运用知识的技能、技巧，使学生能够举一反三，触类旁通。

3. 复习课必须有教案，应不断改进复习方法，提高复习质量，培养学生质疑问难，自我总结的能力，使之敢于发表独立见解，勇于创造性地解决问题。

七、辅导

辅导是课堂教学的补充，是教师因材施教的重要手段（要确定对象，明确辅导内容和方式），并纳入教师教学计划和教研组计划。其要求如下。

1. 在进行知识性辅导的同时，重视思想教育，帮助学生树立正确的学习观，明确学习目的，端正学习态度，掌握科学的学习方法，养成良好的学习习惯。

2. 答疑、解惑，补课、补充讲解、阅读指导等是辅导的必要方法。要面向全体学生，抓好两头，促进中间，全面发展。及时总结经验，同时还要注意针对学生的不同情况进行个别辅导。

3. 教师辅导情况应在业务档案手册中填写翔实，对学困生应建立专门的培养档案、专人辅导、跟踪分析、促进提高。教务处要有案可查。

八、演示、实验教学

演示、实验是发现规律探究知识的直观教学手段，同时也是情景教学，培养学生能力的重要方法。各级各类学校要重视演示、实验教学。管理好、使用好教学仪器、药品，积极开展演示与实验教学，并将资料归档存放。其要求如下。

1. 实验仪器要有专人保管，做到有账可查、账账相符、账物相符。剧毒药品分箱加锁严格管理，实行事故责任追究制度。

2. 按照新课程和义教教材要求，必须完成演示和学生实验，完成情况要有据可查。

3. 学生实验要填写实验报告。

4. 及时购置补充完善实验仪器设备，以满足实验课教学需求。

5. 鼓励学校和教师自制教学仪器，用于教学。

6. 演示实验开课率达到100%，学生实验开课率达到85%以上；乡级中学和中心小学，演示实验开课率达100%以上，学生实验开课率达85%以上。

九、考核

成绩考核是巩固学生知识、检查教学效果、总结经验教训、督促学生提高学业的一个重要环节，对于改进教学方式，提高教学质量意义重大，必须严肃认真对待。其要求如下。

（一）健全考核制度

1. 建立健全科学规范的考核制度，考核制度的建立和完善必须符合学校、学生实际。

2. 建立试题库，试题库的建立要以新课标和新教材为依据，尽量使题目符合科学化标准，适应课改、教改的要求。题目的类型、结构、难度要规范合理，确保试题的科学性。

（二）统一考核方式

考核的方式：期末监测，由教育局统一组织命题、考试。

（三）规范考核办法

考核办法可灵活多样，要口试、笔试相结合，开卷、闭卷相结合，分项考查与综合考查相结合，实现对学生的知识与能力的最终公正全面评价。

（四）明确评价办法

教育行业的评价具有广泛的内涵，我们这里主要指的是对学生学业成绩的评价。其要求如下。

1. 评分要严格合理，试卷要及时讲评。成绩应以百分制评价；学校、教师不得公开公布学生的考试成绩，并严禁将考试成绩排名公开公布。

2. 学生手册上的成绩按学期进行统计填写。

3.对学生的评价不宜只用分数评定,应综合德、智、体、美、劳等各个方面的情况,客观地评价学生成绩和品行。

十、教学研究

教学研究是提高教师队伍素质,促进教学质量提高的有效途径。为此,学校一定要高度重视学校教学研究工作。其要求如下。

(一)成立学校教学研究机构

根据学科设置学科活动组,使其成为学校教学研究的主阵地。

(二)制订规划、计划,确定教研课题

学校应结合新课程改革、教师队伍实际、学科情况制订学校教学研究规划和计划,要求科学合理,符合学校或教师教学实际。

(三)采取措施,激活教研工作

1.学科组要以当代教育教学理论为指导,依据新课程标准、教材,结合本校实际情况,以校本教研为主题,确定课题研究项目。坚持"四课"(备课、说课、上课、评课)活动,开展"优质课"评选活动。

2.教师个人应将个体研究与集体研究相结合,主动承担课题研究,积极参与教学研究活动。

3.实行开放课堂,坚持写教学笔记,总结点滴经验,积累资料。任课教师每学期要撰写一篇教育教学论文或经验总结。

十一、教学总结

教学工作总结,对积累经验和改进今后工作很有益处,各学校应该重视这一工作。学期结束时,每位教师都要写教学工作总结,其基本内容如下。

(一)教学任务完成情况

(二)学生学习情况

(三)主要经验体会(专题总结)

1.教改的经验。

2.对学生素质的教育和培养。

3.对学生能力的培养。

4.教法改进,学法指导的收获。

(四)存在的问题和改进的意见

附录 3

学科组活动制度

一、学校设立学科组。每个学科组设学科负责人一名，学科负责人职责如下。

1. 学科负责人应在每学期开学前对本组学期教研工作作出全面具体的安排，做到统筹规划，协调发展。学期初会同本组教师，一起协商，写出学期教研组计划。

2. 学科负责人在学科组活动中应做好榜样示范作用，做好本组的各项工作，并能及时提前对工作作出安排布置。

3. 组织本组教师参加学科组活动，并严格考勤。

4. 安排教师及时做好学科组活动的记载和相关资料的收集工作。

5. 组织本组教师开展好各项教研及培训活动，促进本组教师的发展提高和整体进步。

6. 对本组教师及学科组活动情况进行督查、布置、考核、评估和总结，并将情况及时上报学校。

二、学科组活动由学科负责人组织本组教师按学科计划进行，活动前必须定好活动内容和主要负责人，定活动时间和地点，每次活动要有详细记载（时间、地点、主持人、参加人员、活动内容、发言记录）。学科负责人必须严格组织和考勤，期末负责组织全组教师写好教研论文，交行政中心备查。

三、学科组活动内容必须围绕学校教育科研展开活动，学科组活动应务求实效，应研究讨论教学中遇到的急需解决的现实问题，活动应有利于问题的解决和对教师个人的提高。

四、学科组活动形式多样至少应开展集体备课，组内教研课，选拔优秀教师上优质课，学科教材分析活动，组内培训，专题讲座，微型课题交流研讨活动等。

五、学科组活动要求人人参加，因公不能参加者，必须向学科负责人请假。每次活动后，须在教研记录上签注意见认可。

六、对安排参加区级或其他学校的教研活动的教师必须按时参加，并按要求带齐各种材料，上交所布置完成的各种资料任务，回校后及时传达其精神。对无故不参加者，将按旷工处理。

七、每学年每位教师必须至少承担一次学科组活动，并以学部为单位及时上交其活动资料。

附录4

学科负责人制度方案（试行）

一、指导思想

为进一步提升学校教育教学管理，提高教育教学成绩，发挥学科优秀教师的指导、示范、辐射和带动作用，经校长办公会商议决定，建立秦都区英才学校学科负责人制度。对学科集体备课、常规教学及学科建设负责。充分调动学科内教师积极性，明确学科目标，充分挖掘自身潜力，全面提升教育教学质量。

二、工作职责

1. 根据学科发展的要求，制订本学科方向和总体规划。

2. 组织学科内教师定期开展教研、备课活动。

3. 为本学科教师选定需要、适合的学习资料。

4. 对本学科教师教育教学进行指导。

5. 对本学科教师常规教育教学工作进行检查。

6. 对与本学科有关的部室、教学设备、教学辅助工具的使用做整体规划、资料收集。

三、学科负责人任用条件

1. 爱岗敬业，全面贯彻党的教育方针，具有奉献精神和创新精神，师德高尚。

2. 对所任学科具有系统扎实的理论基础和专业知识。

3. 有较强的组织协调能力。

4. 对工作充满热情，团结同事。

四、学科组成立及学科负责人任用办法

1. 学科组成立办法。分年级、分学科成立学科组。

2. 任用办法及任用期限

（1）原有教研组长、备课组长直接过渡为学科负责人。

（2）新成立的学科组，负责人由学科内教师推选或由学部提名，行政中心审核确定。

（3）各学科负责人以学年为单位进行任用。

（4）每学期学科负责人进行考核，如工作滞后，由学部提名换人。

五、相关待遇

1. 4人以上（含4人）的学科组，学科负责人待遇以组内教师每人每月××元标准，50%为学科负责人个人补助，50%为学科建设资金；4人以下的学科组每月××元，

××元为学科负责人个人补助,××元为学科建设资金。

2.学科内教师如有违反学校教育教学相关规定,学科负责人负有连带责任。

附录 5

学科负责人目标责任书

学科负责人是教学、科研的带头人,是学校指导学科教学,提高学生综合能力和教学质量的组织者,根据我校情况特制定以下责任书。

一、全面负责本学科的教学教研等常规教学管理,领导本组教师学习教育方针和教育理论,引导教师认真实施新的课程标准,搞好教学研究和教学总结,完成教学任务,努力提高教学质量。

二、组织本组教师认真学习课程标准,明确本学科教学任务、教学进度和要求,学期初根据学校工作计划制订教学工作计划,并认真抓好落实。

三、注重本组年轻教师培养,教学基本功的培训,在教学业务上(钻研教材、备课、上课、批改作业、辅导)等方面多加指导,落实"以老带新,以新促老,共同进步"的同伴互助式活动。

四、深入课堂,深入教师,经常了解检查本组内教学情况及教学质量,每周按时组织学科内教师参加学科组公开课听课活动。在学科活动时间进行评课,及时反馈,及时记录。

五、认真组织好每一次学科组活动和集体备课,活动力求形式多样,如单元教材分析、教法研究、学法探索、有效课堂教学、有效辅导的实践与指导,进行经验交流等,要做到按时参加活动,做好记录,提高实效,切实解决教学中的敏感、热点、难点问题。组织本学科的教师讨论、探究教学中存在的共性问题,要积极组织本学科教师认真参加区、市级、省级课题研究,积极参加各级各类的论文评选、各级各类的公开课、课堂教学评比等活动。

六、根据教学常规要求,不定期地抽查教师的教案、作业,严把质量关,做到教案具有适用性,作业要有分层、有针对性、有实际效果,作业要符合课程标准和"双减"要求。

七、组织教师加强学情研判方法,研究和审阅每学期研判的命题,及时、如实地组织好阅卷、分析、总结和讲评工作。并针对问题,对症下药,使教师不断提高学生的学习能力和质量。

八、积极组织本学科教师指导学生参加学校组织的各类竞赛活动,增强学生学习信心。

九、协调本组工作和人际关系,促进本组教师在思想上、业务上的交流,努力提高本学科的教风。

十、平时要听取教师对学校和教学工作的意见，及时向学部或者学校反映情况，并协助领导做好学期、学年的考核工作。

十一、大学科力争在原有名次上进步至少一个档次，位于第一学科者保持。

十二、学科负责人对本学科相关部室进行合理安排，做好记录。

十三、小学科负责人承担学校各类大型活动的组织者和筹备者，力争为我校赢得美誉。

学科：　　　　　　　　　　　负责人：

附录6

学科负责人考核细则

学科负责人是教学、科研的带头人,是学校指导学科教学,提高学生综合能力和教学质量的组织者,为了充分调动学科负责人的积极性,进一步加强学校教学管理,提高教学质量,经行政会研究特制定本考核细则。

一、考核内容

1. 学科负责人每月听课4次(学科内),并对组内教师进行帮扶。

2. 学科负责人每周组织扎实有效的学科活动,务必使活动有实效,使教师有收获。

3. 学科负责人对本学科作业进行分层设计和监管。

4. 学科负责人教学成绩至少位于本年级中上名次。

5. 年级教学质量在原有的基础上至少提升一个名次,居于首位的尽量继续保持。(至少保持2~3名)

二、考核奖励

1. 团体奖

每学期末对考核内容全部达标的学科组,学校奖励每月学科组费用 × 本学期月数,总金额为该学科组团体奖,由学科组内进行商议分配,学部审核。

2. 英才奖

对教学质量提升比较明显或特别优秀的学科组,学部校长可以申请校委会对该学科组颁发英才奖。金额由校委会根据学部校长对该学科组的表现汇报进行商议决定,该奖金由学科组进行商议分配。

三、考核惩戒

1. 学科负责人未达到考核内容1~3者,学部进行口头批评或者进行通告,以示警诫。

2. 学科负责人未达到考核内容4~5者,学部根据实际情况可商讨取消学科负责人一职。如学科组内无人可以胜任此项工作,上报学校,经校委会商议进行学科整合。

注:此细则自2022—2023学年度第一学期末生效,解释权归行政管理中心。

附件

秦都区英才学校学科组活动记录表

学科组名称		负责人	
时间		地点	
参加人员			
集体备课听评课			
活动总结			

附录7

秦都区英才学校23—24（1）课堂革命

"一示范两公开"活动方案

一、活动目的

为进一步深化课堂教学改革，落实"双减"要求，推动教育高质量发展，根据省教育厅关于推进"课堂革命 陕西行动"以及着力打造"三个课堂"相关工作要求，依据市教育局咸政教基字〔2021〕230号文件精神以及区教育局推进"课堂革命"、加强"三个课堂"建设提出的要求，我校特开展"一示范两公开"活动。

课堂教学要以促进学生发展为主线，以易于学生理解、吸收、内化知识，提高能力为导向，合理使用、科学整合信息技术等教学手段，改革教与学的方式，优化课堂结构，努力实现课堂效益的最大化。

二、活动内容

"一示范两公开"，即各学部每周一节专题示范课、一节学部公开课、一节学科组公开课。

三、活动程序

1. 各学部每周五中午放学前上报下周专题示范课和学部公开课的具体时间和地点。

2. 各学部学科组长提前做好本学科的公开课安排表。

四、活动听课人员

1. 示范课听课组

行政管理中心领导1人、学部所有领导、同科目所有教师。

2. 学部公开课听课组

学部领导至少1人、同年级同科目所有教师。

3. 学科组公开课听课组

学科组内所有教师。

五、活动评价

1. 示范课听课结束，当天由行政管理中心和学部领导商量时间组织进行评课。

2. 学部公开课听课结束，当天由学部领导组织进行评课。

3. 学科内公开课听课结束，当天由学科负责人组织进行评课。

六、其他事项

1. 示范课和学部公开课由学部安排专人拍照（上课、领导听课、评课）。

2. 学科内公开课由学科负责人安排专人拍照（上课、听课、评课）。

3. 每周活动结束各学部分三类打包精选各类照片3张发送行政管理中心处。

行政管理中心
2023年9月1日

秦都区英才学校公开课安排（星期四）

序号	教师	时间	节次	科目	班级	序号	教师	时间	节次	科目	班级
1	孙×	9.7	1	数学	六6班	10	米××	11.16	1	语文	五2班
2	尚××	9.14	1	语文	五3班	11	田×	11.23	1	语文	五5班
3	王×	9.21	1	数学	五9班	12	梁×	11.30	1	语文	五7班
4	张××	9.28	1	数学	五3班	13	候××	12.7	1	英语	六1班
5	刘×	10.12	1	科学	五5班	14	蔺××	12.14	1	英语	六7班
6	王××	10.19	1	数学	五1班	15	张×	12.21	1	语文	六8班
7	张××	10.26	1	语文	五6班	16	师××	12.28	1	语文	六7班
8	樊××	11.2	1	语文	五9班	17	李×	1.4	1	语文	六4班
9	赵××	11.9	1	语文	五1班	18	刘××	1.11	1	语文	六6班

秦都区英才学校示范课安排（星期二）

序号	教师	时间	节次	科目	班级	序号	教师	时间	节次	科目	班级
1	冯××	9.6	1	数学	六8班	10	张×	11.14	1	语文	五4班
2	孙××	9.12	1	英语	五7班	11	张××	11.21	1	语文	六9班
3	何××	9.19	1	数学	五8班	12	董××	11.28	1	美术	六4班
4	张×	9.26	1	音乐	五8班	13	郭×	12.5	1	数学	六2班
5	雷××	10.10	1	英语	五6班	14	米××	12.12	1	数学	六5班
6	付×	10.17	1	体育	五3班	15	解××	12.19	1	体育	六4班
7	王××	10.24	1	数学	五6班	16	王×	12.26	1	音乐	六8班
8	吕××	10.31	1	语文	五10班	17	冯××	1.2	1	语文	六3班
9	杨×	11.7	1	体育	五8班	18	张×	1.9	1	体育	六7班

附 录

学科组活动

"一示范两公开"

附录 8

教师"一示范两公开"教案

《西门豹治邺》教案

(第二课时)

执教：李 ×

【教学内容】

统编教材四年级上册第八单元第 26 课。

【学习目标】

聚焦"中华智慧故事"，学习西门豹的智慧之举。学会借助思维导图简要复述故事；学会通过比较分析、假设讨论辨析真与假、善与恶，体会西门豹将计就计、假戏真做等智慧；能够借助阅读材料有理有据地发表自己的观点，学习西门豹实事求是的科学精神。

【学习任务与活动设计】

任务与活动　　活动环节　　　思维工具/支架

任务：认识两位科学家

活动：水利学家的智慧

　　环节一：根据气泡图简要复述"调查民情"　气泡图

　　环节二：完成鱼骨图，简要复述故事　鱼骨图

　　环节三：比较分析，辨真假　对比分析

　　环节四：假设讨论，悟巧妙　情境创设：公示

　　环节五：追究原因，理解科学治水　补充阅读材料

　　环节六：反思智慧，阅读智慧故事　推荐阅读

【活动环节设计】

环节一：根据气泡图简要复述"调查民情"

1.《西门豹治邺》是一个"中华智慧故事"，这堂课，就让我们再次走进故事，开启智慧之旅。我们先来回顾一下故事内容，故事主要讲了三件事，还记得吗？

2.上节课我们学习了"调查民情"这件事，课后同学们用气泡图整理了主要内容，我们来欣赏一下（出示气泡图）。

谁来借助气泡图简要复述西门豹"调查民情"这件事：西门豹看到田地荒芜，人烟稀少，就找老大爷调查原因，原来……

环节二：完成鱼骨图，简要复述"惩治恶人"

巫婆和官绅们以"河神娶媳妇"为借口骗钱害人，真是太可恶了！那么西门豹是怎么惩治他们的呢？先来看看西门豹怎么惩治巫婆的（出示课文 11 自然段）——请你读一读，找一找。

交流指导：你们一下子找到了关键句子。这是西门豹说的（画线）。这是西门豹做的（画线）。

谁来读读西门豹说的。——西门豹的话是什么意思？——圈一圈关键词。

谁来读读西门豹做的。——圈一圈关键词。

看（出示鱼骨图），这叫"鱼骨图"，和气泡图一样，是思维导图的一种。现在我们把西门豹说的填在上面，做的填在下面。

请你用同样的方法自学 12~14 自然段接着完成鱼骨图。

方法回顾：读一读相关段落，画一画关键句子，圈一圈关键词语，填一填鱼骨图。

交流鱼骨图填写。说清楚自己的学习过程。

你能借助鱼骨图简要复述"惩治恶人"这件事吗？

到了河神娶媳妇的日子，西门豹带着卫士，真的来了……

环节三：比较分析，辨真假

1. 同学们，你们觉得漳河里到底有没有河神？——没有。西门豹知道漳河里没有河神吗？——知道。

那他为什么还要这么说？（西门豹说的是假话，真正的目的是惩治恶人。这就叫——将计就计、假戏真做）

想想，该怎么读好西门豹说的话（话是假的，说得要特别真）。自己练一练。指导朗读。

2. 巫婆说不给河神娶媳妇漳河就要发大水，是假话；西门豹也在说假话，他们一样吗？——不一样。（巫婆以"河神娶媳妇"为借口骗钱害人，西门豹以"河神娶媳妇"为借口惩治恶人，帮助老百姓，目的不同）

3. 既然要惩治恶人，为什么最后还是把官绅们留下了？

（罪魁祸首是巫婆和官绅头子，擒贼先擒王，给官绅们改过自新的机会，一起管理好邺县。已经破除了迷信）

4. 一起读好 11~14 自然段，体会西门豹的智慧。

环节四：假设讨论，悟巧妙

如果西门豹在调查民情后，没有借"河神娶媳妇"惩治恶人，而是直接出了这样一个告示：

巫婆和官绅们利用"河神娶媳妇"骗钱害人，现立马逮捕巫婆和官绅头子，押入大牢，秋后问斩！

你觉得这样做好吗？我们来讨论一下。

（相机提示：巫婆是可以通鬼神，为人祈福消灾、占卜未来的女子。官绅是古代有权有势的官）

指导要点：①耳听为虚，眼见为实，要用事实来说话，才能让老百姓相信；②巫婆和官绅身份不一般，要对付他们一定不能硬碰硬，要用巧妙的办法。

小结：看来，惩治恶人要有理有据，用事实说话；还要讲究方法，这样才能惩恶扬善。

环节五：追究原因，理解科学治水

最后我们来看看"兴修水利"这件事。课文就用两句话来写，我们来读一读。尽管只有两句话，却告诉我们西门豹怎么做的？——开凿了十二条渠道；结果怎样？——年年都获得好收成。

看来，要解决"田地荒芜，人烟稀少"的问题，关键是要治理好漳河——漳河，这究竟是一条怎样的河呢？我们来了解一下。

补充资料：漳河素有"小黄河"之称，水流湍急，洪流挟带大量泥沙，穿峡谷，越断崖，奔腾而下。历史上漳河上游十年九旱，下游经常发大水。（配图和视频）

西门豹开凿了十二条渠道，干旱时可以把漳河的水引到田里，灌溉庄稼；发大水时又可以快速排水，避免田地被淹。这一做法使当时粮食产量提高8倍以上。

听了介绍，你觉得西门豹治理漳河的方法怎么样？（根据实地情况，采取科学的方法治水，才能从根本上解决问题）

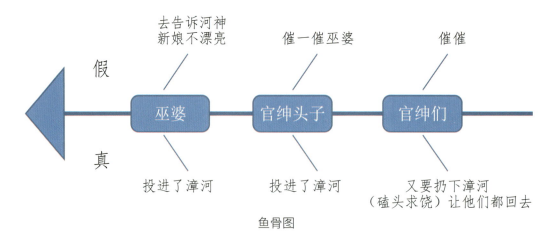

鱼骨图

环节六：反思智慧，阅读智慧故事

1. 今天的智慧之旅结束了，同学们通过这堂课的学习，收获了什么智慧呢？

2. 其实，像《西门豹治邺》这样的中华智慧故事有很多，比如《大禹治水》《卧薪尝胆》《毛遂自荐》等。课后，希望同学们多读中华智慧故事，学习更多的智慧。

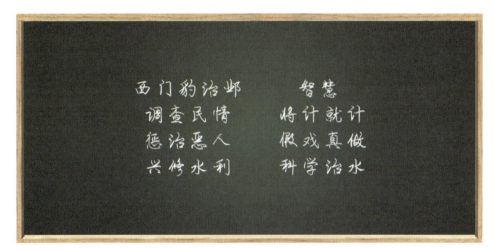

板书设计

《可爱的小猫》教案

周次		时间		累计总课时	19
课题	可爱的小猫	课型	新授		第1课时
督导检查签字：			年 月 日		

【教学目标】

结合"小猫吃鱼"的情境，探索并理解得数是0的减法算式的实际意义，进一步巩固对减法的认识。

能正确计算和0有关的5以内数的加与减，初步体验加与减的互逆关系。

【教学重点】

理解得数是0的减法算式的实际意义。

【教学难点】

理解加减法的互逆关系。

【教法】

情景教学法。

【学法】

小组合作探究法。

【教学准备】

课件、计数器。

【教学过程】

一、创设情境，激趣导入

同学们你们喜欢玩游戏吗？（喜欢）那咱们一起来玩个猜谜游戏吧！（出示课件）它是我们的好帮手，它最喜欢的食物是鱼，它有尖尖的爪子，长长的胡须，老鼠们见了它，撒腿就跑！猜一种动物（ ）（出示图片猫）

那么猫喜欢吃什么呢？（鱼）嗯，下面咱们一起来看看这只小猫吃了多少条鱼呢？（多媒体课件出示"小猫吃鱼"图）板书课题：可爱的小猫。

二、探究新知

1.说一说，填一填（得数是0的减法算式的实际意义）

出示第30页小猫吃鱼情境图。让学生观察连环画，然后提问：图中可爱的小猫在做什么？你能把这个故事讲出来吗？引导学生讲出故事：小猫面前的盘子里原来有3条鱼，吃了1条，还剩几条？又吃了1条，还剩几条？再吃了1条，还剩几条？让学生小组讨论，再逐一解决问题。教师要重点讲第四幅图，列式1-1。从图中可以看出，盘子里没有鱼了，我们已经知道，"没有"用0表示，所以1-1=0。把第一幅图和第四幅图结合起来，原来有3条鱼，吃了3条，还剩几条？怎么列算式？把第二幅图和第四幅图结合起来，有2条鱼，吃了2条，还剩几条？怎么列算式？把第三幅图和第四幅图结合起来，有1条鱼，吃了1条，还剩几条？怎么列算式？

2. 拨一拨，填一填（加减法之间的互逆关系）

出示第30页计数器上拨珠子情境图，引导学生说出图意。拿出准备好的计数器，与学生一起边数边拨5个珠子，然后拨去1个，并提出问题：还剩几个？引导学生说出减法算式和得数"5-1=4"。再引导学生观察当前的计数器，一边4个珠子，另一边1个珠子，写出加法算式"4+1=5"或"1+4=5"。让学生自己拨珠，说出相应的减法和加法算式。原来有5个珠子，当拨去5个后就没有了，由此得出5-5=0。同时可写出加法算式。

3. 进一步理解互逆关系

师：同学们都喜欢套圈的小游戏吧！套圈是一项健康有趣的娱乐项目，老师手里拿着4个圈，谁想玩？（指名学生挑战，其余学生列式）

例如：当小朋友套上1个圈时，你能看图列一道加法算式和一道减法算式吗？

4. 小结

师：今天我们主要学习了得数是0的计算，知道了当把所有的物体都拿走以后，一个也不剩，这时候两个相同的数相减，得数就是0。请同学们打开课本30页，回顾我们刚才的学习过程，完成书上填空。

三、巩固应用

课后练一练讲解。

四、课堂小结

小朋友们，这节课你有哪些收获？还有哪些疑问？提出来和大家分享吧！

板书设计：

可爱的小猫

3-3=0　2-2=0　1-1=0　相同的两个数相减，得数为0。

课后反思

附录9

秦都区英才学校"新—欣—心"教师评选方案

一、指导思想

为了树立我校爱岗敬业的典范，提升教师工作热情；发挥榜样的示范引领作用，提高教育教学质量及德育教育水平。特制定本评优方案如下：

二、评选对象

全体在职在岗一线教师。

三、评审组

组　　长：袁　×

副组长：李　×、张　×、李××、赵　×、白××、金　×

成　　员：陈　×、孙××、贾××、孙　×、焦　×、各学部教师代表

四、评选类别

"教学新星"（一年教学能力过关，轻松驾驭课堂）；"教学欣星"（三年教学能力过硬，广受师生欣赏）；"教学心星"（五年以上专业素养臻于完善，教学风格独树一帜，专业方面成为学科核心）。

五、优秀教育工作者评选名额

各类推选人数为各部门本学期各类教师的20%。

六、评选条件

1. 政治表现

拥护党的教育方针，遵守国家法律法规，不传播低级庸俗文化。

2. 师德师风

遵守师德规范，思想言行堪为表率；教书育人，团结协作，不推卸育人职责；尊重学生人格，不体罚或变相体罚、侮辱学生，不随意停学生的课或将学生喊出教室；团结同志，关心集体，尊重领导，不拉帮结派，不挑拨是非；廉洁从教，不利用职责之便谋取私利，本学期没有出现家长投诉事件。

3. 工作态度

服从工作安排，安心本职工作；勤奋敬业，乐于奉献，责任心强；积极完成学校交办的各项任务。

4. 教龄

"教学新星"满一年即可；"教学欣星"满三年即可；"教学心星"满五年即可。

教师教龄按入编算起，未带编制教师教龄从进入英才学校算起。

5. 工作量

课时数和其他工作必须满课时量。

6. 课堂教学

遵循大纲，寓教育人；教学重点突出，抓住关键，突破难点，无知识性和方向性错误，注重学生创新能力的培养；坚持启发式教学，组织教学灵活，学生学习积极主动；语言清晰准确，使用普通话，板书规范，教态自然。课堂教学民主，气氛活跃，师生关系融洽；使用直观教具充分利用实验和现代教学手段进行教学；按学校规定和教学实际需要实施目标教学，有效地提高课堂教学水平。

7. 教学效果

学科教学成绩或技能展示；所教班级教学成绩相较于平行班或对标学校有显著提升或名列前茅，得到校领导、家长的一致认可。

8. 教学成果

本学期荣获校级或校级以上荣誉进行积分。

（1）教学比赛获奖。（查看原件）

类别	国家级	省级	市级	区级	校级
一等奖	6	5	3	2	1
二等奖	5	4	2	1	0.75
三等奖	3	2	1	0.75	0.5

注：各级比赛可累计积分，无等次按二等奖对待。

（2）教学荣誉称号。（查看原件）

类别	省级	市级	区级
学科带头人	8	6	4
教学能手	7	5	3

（3）课题及论文。[查看原件或复印件（课题）]

类别	国家级	省级	市级	区级
课题研究	8	6	4	2
论文发表或获奖	（6.5、6、5.5）	（5、4.5、4）	（3.5、3、2.5）	2

教科研课题，获奖课题的负责人按等级赋分情况计分。其他参与者按组长的 1/2 计分。论文或教学经验总结必须是任现职以来取得的且属教育系统团体评奖或有刊号的报刊发表及论著出版的（国际标准刊号 ISSN，国内统一刊号 CN）；必须是属于申报学科或关于德育内容的。各级教育学会评奖的，以相应级别获奖折半计分；非教育系统团体评奖、报刊评奖、教育系统通过出资出版的或在杂志增刊发表的，不予认可，获奖论文和课题可累计。

（4）优秀辅导奖。（查看原件）

类别	国家级	省级	市级	区级
一等奖	5	4	3	2
二等奖	5	3.5	2.5	1.5
三等奖	3	2	2	1

注：辅导奖可累计积分，无等次按二等奖对待。

七、评选流程

1. 教师可根据自己实际情况自行报名参选。

2. 各学部对参加评选教师进行排名，按分配比例评选。

3. 各学部上交各类教师排名表，评选出的教师填写该类教师申请表并附相应荣誉图片。

4. 学校组织评审组对各学部推荐老师进行审查和综合考评，确定表彰人选。

5. 将评选结果在我校师生中进行公示，如果获奖教师在公示期内被举报经调查属实，将取消其评优资格。

八、凡在本学期工作中有下列情形之一者，进行一票否决

1. 出现教学、安全责任事故者。

2. 违反法纪法规或教师职业行为规范，被学校通报或家长投诉者。

3. 一学期累计事假超过 5 天，病假超过 15 天者。

4. 无故拒绝或不愿意参加学校的各项任务者（各类比赛、公开课、培训、组织学生参加各项集体活动、值班、临时性工作等）。

5. 工作量不达标者。

九、奖励办法

1. 荣获"教学新星"称号教师奖励××元。

2. 荣获"教学欣星"称号教师奖励××元。

3.荣获"教学心星"称号教师奖励××元。

4.荣获"优秀教育工作者"称号奖励××元/××元（代课教师××元，不代课教师××元）。

注明：

1.请各学部认真学习教师评选方案，对照要求上报推荐表，一旦上报未经学习评审组通过者，该学部名额作废。

2.本办法自公布之日起实施。

秦都区英才学校

2023 年 8 月 31 日

附录 10

秦都区英才学校校本研修实施方案

一、指导思想

坚持以新课程改革为中心，以教师为研究主体，大力加强现代教育科学理论学习，积极开展以培养学生创新精神和实践能力为重点的素质教育。遵循课堂教学逐步实现"惜时增效、轻负高效"的原则，坚持研训一体的发展思路，遵循教师成长和培养的规律，结合我校实际，将教学、教研、校本研修等工作全面整合，务本求实、从小处着眼，围绕课堂教学，从常规工作做起，从实际中来到实际中去，增强校本教研的针对性和实效性。

二、研修目标

依据学校内涵发展的需要，我们将进一步深入和完善校本研修工作，立足教研，聚焦课堂，转变教师观念，提升教师执教水平，提高教学质量、切实解决或研究教育教学改革中出现的新问题和新情况，努力使我校形成一支师德高尚、业务精良、充满活力的反思型、科研型教师队伍，全面提高教学质量，促进学生全面、持续、和谐地发展。

三、研修重点

1. 加强校本教研有关经验材料及各类教育专著的学习，以读教育专著为依托，打造"书香校园"。

2. 交流教学反思。坚持进行教学反思，并进行课后改进自己的教学行为、提高教学能力方面的研究，做到课后有反思，每月有反思。

3. 认真备课，确立以学科组为备课研修的实体和中心，要扎实有效地开展周前备课、集体备课活动，进一步改善集体备课的内容和方法，尤其是要探讨分层作业设计，充分发挥集体智慧，备出有特色、讲实效的课。

4. 认真组织开展"公开课示范课"展示活动，如"一示范两公开""骨干教师上示范课""课堂革命学习观摩课"等系列活动，深入研究教学规律和学生认知规律，进一步深化人才培养模式。

四、研修措施

1. 加强教育理论学习

随着课改的不断深入和发展，需要我们及时总结成功的经验与做法，讨论新问题，研究新对策，因此我们要不断学习，提高理论水平。本学年重点学习教育理论以及上级有关文件，领会其精神实质，明确教育改革的指导思想、改革目标及具体要求，使各位教师弄清新课程标准内容，理解学科教学的性质、地位、理念及目标，正确把握学科教育的特点，建设开放而有活力的学科课程。

专任教师除参加上级组织的培训和学校的集中学习外，个人有学习、研修、提高计划。在教师中开展读书活动，每学期至少细致读 2 本教育教学书籍。更新教师的知识观、课程观、教师观，全面提高教师实施素质教育的能力和水平。通过校本培训，使教师把学习理解为一种现代生存状态，成为一种自觉的行动。

2. 营造良好的研修氛围

我校把校本研修与教育教学、业务学习紧密结合起来，从学校和教师的实际出发，通过培训解决学校和教师的具体实际问题，提高教师的教育教学和教育科研能力。

（1）业务学习和集体备课活动常抓不懈。通过集体备课充分发挥每位教师的才智，研究教学内容、学生及教学方法。通过活动切切实实解决教学中存在的问题，提高课堂教学质量。

（2）学校围绕新课程的深入实施，以学科组组织主题性的反思教学实践活动，引领教师用新的理念反思自己的教学，反思自己的成长，反思自己的发展。及时记录自己的反思所得，比如精彩的一刻、难免的失误、新颖的设想，并从中捕捉典型，撰写案例、设计反思、论文等，指导教学实践。

3. 加强教师培训工作

为使全体教师尽快适应新课程实施的要求，学校积极组织和安排好教师的培训工作，确保培训工作做到"五定"，即定时间、定人员、定地点、定任务、定内容。学校组织教师参加信息技术和写字技能的培训，以提高教师信息技术技能以及写字教学水平。

为促进教师的进步，努力搭建交流学习的平台，要求学科教师互相听评课，形成大家都深入课堂研究教学的良好氛围。学校有计划地组织教师外出听课、学习，教师结合听课的收获和自己的感想，写出学习汇报材料，上好汇报课，带领教师吸纳教育新理念、新方法，发挥以点带面的作用，达到"一人学习，多人受益"的效果。

4. 大力培养青年教师

对青年教师提要求，压担子，同时又给他们创造更多的机会展示才华，进一步提高他们的教学和研究水平，带动更多的教师以他们为榜样。认真抓好青年教师的理论学习，在教师中开展读书活动，培养青年教师的读书习惯。对具有发展潜力的青年教师以其课堂教学流程的诊断分析为突破口，从课堂组织、课堂教学、教学研究等各方面把关。

5.课题引路,积极推进校本专题研究,以教科研促发展

坚持"立足课堂,营造特色,提高质量"的原则,以应用性课题研究为主。要瞄准教科研研究的重点、热点、难点,充分挖掘提炼。在课题研究活动中,充分发挥骨干教师、教研组长、课题组成员在教研方面的核心带头作用,相互学习、共同提高,活跃我校的教研气氛与提高我校教研水平,为校本研修增添新的活力。

秦都区英才学校

2022 年 2 月

附录 11

2023—2024 学年度第一学期行政中心教科研工作计划

一、指导思想

为了深入贯彻落实习近平新时代中国特色社会主义思想，全面贯彻党的教育方针，遵循教育教学规律，落实立德树人根本任务，根据各级教育部门工作安排，学校将以"高效课堂"为阵地，以课堂建设和教师队伍建设为抓手，以教学质量提升为核心，切实开展各项教育教学工作，使学校的教育教学工作再上新台阶。

二、工作目标

1.加强教学、科研制度建设，确保教育教学工作有序开展。

2.加强教育教学常规管理，促进教育教学质量稳步提升。

3.加强三个课堂建设，提高教育教学质量，促进学生全面发展。

4.加强教师队伍建设，促进教师专业发展，提升教师综合素养。

5.加强教学资源库建设，丰富学校教育教学资源，促进教育资源共享。

三、主要工作及措施

（一）加强制度建设，确保教育教学工作有序开展

以现行教学、科研制度为基础，进一步优化教育教学各环节、各级各类活动制度，提升我校制度的指导性、科学性和规范性，确保各项教育教学活动有"制"可依，教育教学工作有序开展。

（二）加强常规管理，全面提高教学质量

学校常规工作管理以"高""严""实""新"为原则，进一步细化管理要求，优化管理模式。在做好日常常规管理的各项工作的同时，行政中心继续做好对常规工作的督导检查，以保证教学质量的提高。

1.抓计划，细致构思

学期初，各学部要根据学校的计划制订详细的教育教学工作计划；各学科组制订学科教学计划、美好课程教学计划、各科任教师制订教学计划；学期内，做好、做实、做细各项活动的计划及方案。

2.抓教学常规，促进教学

从教师的备课、上课、作业设计、作业批改、评价、测试等各环节入手，学校及学部继续加强对学科组活动、教师课堂的指导、巡查力度，及时跟进教师的到岗以及工作等情况，提升教师的教学能力和课堂效率。

3. 抓学习常规,提高学习效率

各学科组要以学生的预习、听课、书写、复习、考试等为重点,从起始年级开始入手,加强学生学习习惯的养成;把预习、听课、作业布置、归纳高频考点、易错点、单元知识回顾等纳入备课内容,针对不同的年级特点统一形式及要求,精心设计教学、控制作业数量,减轻学生课业负担,提高学生学习效率及质量。

4. 抓薄弱学科、培优补差,全面提升质量

(1) 领导包抓,找准症结,群策群力,加大对薄弱学科的治理力度。要求校级领导每人包抓一个年级,跟进年级组例会,加强听课、检查力度,除特殊情况外,每天要深入一线检查包抓年级组的教学工作,找准症结、指导、督促薄弱学科的成绩提升。

(2) 加强薄弱学科的集体备课。通过定时定点的集体备课与即时交流相结合的备课形式,形成能有效指导教学的教案,使薄弱学科教师共享集体智慧。

(3) 决胜课堂,抓好追踪听、评课,向课堂要效益。薄弱学科教师必须切实提高授课艺术,认真组织课堂教学,在课堂上要做到先学后教,精讲精练,当堂检测,及时反馈,优化课堂教学环节,为了帮助提高薄弱学科教师的教学水平,本学期通过领导"推门听课",加大对薄弱学科的听评议课,对教师进行教法指导并提出意见,帮助教师进行自我改进完善,监督教师的常规工作。

(4) 坚持给学生进行学法指导。学校充分利用集会、班会等形式,坚持给学生进行学法指导,使学生树立信心,掌握科学的学习方法。

(5) 追踪检测薄弱学科。抓好周练、单元检测和月考工作。每次考试结束后,及时依据成绩,对该学科的教学成绩,进行纵向、横向分析,在肯定成绩的同时找出问题所在。

(6) 加强对培优补差工作的管理和检查。各学部、各年级、各学科组、各科任教师都要认真筛选培优补差对象,制订翔实有效、实操性强的培优补差工作计划,设计培优补差内容,利用课堂时间相机辅导,利用课余时间个别辅导。

5. 抓中考新动向,统筹中考复课工作

(1) 成立复课备考工作领导小组,统筹规划2024年中考复课备考工作。在了解学情、教情和考情的基础上,制订出全面系统的复习计划和切实可行的学科复习备考方案。

(2) 组织初三教师积极参加各级各类中考复课研讨会,及时掌握中考新动向。加强各层次的教研活动,研究近几年来的中考试题,全面总结中考命题特点和规律,

同时重视对《新课程标准》的学习，把握中考改革的发展脉络和方向。

（3）组织召开中考复课会，不断优化调整复课工作。

（4）在第一学期完成新课教学任务，第二学期扎实有效开展三轮复习。

（5）在中考复课中，科学组织各科模考，通过精选试题、严肃考纪考风、严格流水阅卷、有效的质量分析、培优补差包抓到人等措施稳步提升我校2024届中考学生各科成绩。

（6）组织中考规范答题培训会、各科考前技巧指导会、考前心理疏导等活动，科学高效地开展中考复课工作。

（三）加强课堂建设，提高教学质量，促进学生全面发展

1. 抓课程建设，严格管理

开齐、开足各类课程，加强对美好课程、艺体课程的督导，重视对心理课程、劳动课程、班、团、队会等德育课程的跟进，以及综合实践课程的建设和开发。

2. 抓课堂建设，提升质量

（1）深化课堂改革，积极开展"2155"课堂教学建模工作，打造第一课堂；挖掘、整合校内外资源，丰富第二课堂；搭建社会平台，拓展第三课堂；抓好抓实"三个课堂建设"全面提高教学质量，促进学生健康成长、全面发展。

（2）结合《新课程标准》，建设劳动课程体系，成立劳动学科组，安排专人负责劳动课，制订课程建设方案，并通过各级各类的培训提高劳动课教师的专业能力和教学水平。

（3）加强、完善综合学科课程体系建设。指导体、音、美三个学科结合《新课程标准》要求，从学生实际出发，以核心素养为核心，根据学生不同年龄、不同学段，以及教材内容设置不同的学习课程，制订学科建设方案。体育学科以"赛"促学，美术学科以"展"促学，音乐学科以"演"促学。为确保学习成效，学校将分阶段对各学科组的学习情况进行督导检查、考核评定。

（四）加强队伍建设，促进教师专业发展，提升教师综合素养

1. 以校本研修为依托，加强培训学习

（1）自我研修

全体教师要深入学习领会习近平新时代中国特色社会主义思想和党的二十大精神，学习相关模范代表的先进事迹及新《中华人民共和国义务教育法》《中小学教师职业道德规范》等法律法规；根据各学科教学特点和要求，加强教育学、心理学等基础理论、现代教育理论和学科发展前沿理论、《基础教育课程改革》《2022版

新课程标准》《新课程标准解读》的学习,通过理论学习,认真剖析自我,提升个人修养,撰写教学反思、教育教学论文,分享读书心得、成长历程。

(2)团队互助

以"集体备课"为抓手,切实发挥学科组作用,有效组织学科组活动,通过无生课、听课、评课、议课等教研活动,虚心学习、请教,与同伴协作,加强交流,彼此支持、资源共享。

(3)名师引领

聘请知名教育专家、市区教研室专家、教学名师来校做讲座、指导课堂教学活动。同时,通过集体备课观看优课视频、评课、反思,帮助教师更新教育理念。组织选派教学骨干、青年教师参加各级教育行政主管部门组织的各类教科研等业务培训及网络研修活动,努力提高教师的科研水平和业务能力。

2. 以课题为抓手,促进教师专业发展

深入扎实推进四级课题研究工作,立足校本课题研究,要求全体教师人人做课题,人人有课题,从而解决教学中的实际问题,提升教学质量。积极鼓励骨干教师申报省、市、区级课题研究,撰写科研论文,巩固课题研究成果,促进全体教师向"科研型"教师发展。

3. 以梯队建设为核心,提升教师专业水平

结合当前我校的教师队伍现状,将全体教师分为以年轻教师为基础、中青年教师为中坚、骨干教师为核心、名优教师为领军的梯形结构。开展三级工程,培养新生力量,打造名优教师,形成三级衔接的教师梯队。

(1)青蓝工程

通过"青蓝工程"等系列活动,从课标学习、听评课、基本功训练等方面,做好传帮带的培养工作,使青年教师熟练地开展本校的教育教学工作,有明确的职业发展规划,有较强的职业责任感,成为能站稳讲台、学生喜欢、家长认可的合格教师。

(2)强师工程

通过"强师计划、三年行动"等系列活动,给教师提供丰富的学习平台,优先遴选教师担任学校行政岗位,给予成长机会,鼓励教师积极参与各级各类比赛,提升个人专业水平和综合素养。

(3)名师工程

通过"名师五个一工程"等系列活动,充分发挥名师的引领辐射作用,拟成立由省教学能手和高级教师组成的校级名师工作室,组织校内三级三类骨干教师分别

在年级组、学部、学校做"专题报告",开展"20分钟微型课、2155课堂模式示范课"等系列教学活动,让青年教师通过观课、说课、评课、议课,学习名师的教学理念、教学方法、教学艺术,反思自身教学行为,进一步提高课堂效率,提升教学水平。学校或学部要阶段性地通过"点课、推门听课、仿课、同课异构"等活动检测教师的学习效果。

4. 以比赛为契机,提升教师综合素养

举办青年教师"减负增能"课堂教学比赛、"立德树人,魅力课堂"比赛、"教学设计大赛"、"硬笔字、粉笔字比赛"、"说课比赛"、"强师计划、三年行动"、第三届"英才杯"教学能手大赛等活动,通过比赛,选拔各类、各级教学比赛种子选手,根据参赛教师的学科特点、个人特长及不足之处,深入指导,进一步提升教师专业素养,为参加区、市、省级各类教学比赛作充分准备,进一步扩大我校中青年骨干教师队伍。

(五)加强资源库建设,促进教育资源共享

资源库建设分为教师和学生两个层面进行,以一学年为一个周期,要求每位教师总结教学过程中发现的重点、难点、易错点、高频考点、课后习题等进行精心备课。以微视频的形式进行讲解,并及时整理、完善公开课、示范课等活动资料,形成优质教学参考资源。教师鼓励、指导优秀、有能力、有思想的学生将自己的学习成果、学习方法等录制成微视频,形成优质的学习参考资料。教师和学生的优质资源要经过科任教师、学科组、学部、学校逐层进行审核,审核通过后,按要求上传校级资源库,实现优质资源共享。

四、工作安排

(一)九月份

1. 召开学科组负责人会议。

2. 各学科组制订工作计划、美好课程计划。

3. "开学第一课"听课活动、学科组活动启动。

4. 开展"新进教师亮相课"活动。

5. 校本课题研究申报。

6. "示范课、公开课"活动启动。

7. "强师计划、三年行动"活动启动。

8. "青蓝工程"启动。

9. 课题研究专题培训(骨干教师)。

（二）十月份

1. "新进教师汇报课"活动启动。

2. 各学部教育教学督导抽查（作业）。

3. 资源库建设正式启动。

4. 师德师风专项活动之"崇德修身学榜样、立德树人育英才"讲立德树人故事。

5. "青年教师说课专项"培训（骨干教师）。

6. 德育、教学督导检查（学校）。

7. 初中部思政教师展示课（校级领导听课）。

（三）十一月份

1. 各学部教育教学督导抽查（教案）。

2. 各学部美好课程督导检查。

3. "微课、数字故事"制作培训。

4. 大单元作业设计比赛。

5. "2155"课堂模式示范课。

6. 初中部思政教师展示课（校级领导听课）。

7. 新进教师汇报课。

8. 中期学情研判。

（四）十二月份

1. 各学部教育教学督导抽查（听课、成长手册）。

2. "大单元教学"主题培训。

3. 教师基本功大赛（教学设计大赛）。

4. 20分钟微型课示范课（教学能手示范课）。

5. 课题研究中期督导检查。

6. 初中部思政教师展示课（校级领导听课）。

7. "青蓝工程"徒弟汇报课。

8. 说课比赛。

9. 讲题比赛。

（五）一月份

1. 专题报告（教育共同体名师）。

2. 学科组制订复习计划并严格实施。

3. 各学部教育教学、美好课程督导检查。

4.德育、教学督导检查（学校）。

5.按上级要求组织期末学情研判。

6.评选新—欣—心教师。

7.收集整理本学期教育教学资料。

8.完成本部门工作总结。

以上安排可根据实际情况进行调整。

秦都区英才学校行政中心
2023 年 7 月 21 日

附录 12

秦都区英才学校德育、教学工作督导检查方案

教学常规、德育工作是学校管理之根本，教学、德育工作检查是提高我校综合质量监控的有效手段，为加强各项管理，及时发现并解决日常工作中的问题，使各学部和每位教师的工作实绩得到客观评价，促进学校综合质量的提高，特制订本常规检查方案。

一、资料检查时间、地点

小学学部：11月22日14：30 党建会议室

初 中 部：11月22日15：30 一楼会议室

明德校区：11月22日16：30 二楼会议室

二、检查对象

各学部教师人数的20%。小学部：（共123人）24人；明德校区：（共54人）10人；初中部：（共53人）10人。

三、检查内容（抽查）

1. 教案。

2. 教师业务学习笔记、教师成长档案。

3. 听课记录。

4. 班主任工作手册。

5. 各科作业、批改记录。

6. 课堂检查。

备注：抽查名单11月21日下发各学部，本次检查班主任工作手册全部上交，所有行政副主任以上领导的教案及听课记录由袁校长亲自检查，交行政管理中心汇总。

四、检查领导小组

教师业务学习笔记、教师成长档案：白××、孙××、明德教师1人

教　　案：李××、薛××、孙　×、小学本部教师代表1人

听课记录：赵　×、陈　×、初中教师代表1人

班主任工作手册：张××、刘　×、牛　×、白　×、陈　×

作业检查、批改记录：张　×、贾××、王　×、史××、韩　×、文　×、雷　×、何××、崔　×、郑××、张　×

课堂检查：语文（李××、秦××、胡××、任××）；数学（焦 ×、段××、冯××、耿××）；英语（穆××、张××、孙××、杨 ×）

听课时间 11 月 22 日—23 日，为期两天，每组随机听每个学部两节课。

五、检查方式

1. 集中检查和随机抽查。

2. 为了公平起见，所有领导、教师、教学资料全部进行抽查。

3. 当堂量分，汇总后任何人不得修改分数，并及时公布。教师如有疑问可查阅本人的评分表。各检查小组写出总结反馈。

4. 各学部平均分由各教师各项总分之平均分而定，作为评定"优秀学部"的主要依据。

六、其他事项

1. 各学部负责拍照。

2. 各学部按检查类型、分类摆放整齐。

3. 所有检查人员按时参加，不得请假，如有特殊情况及时联系行政中心协调。

备注：有课的领导及教师请提前自行调整课程，尽量不因督导检查耽误上课。

秦都区英才学校
2023 年 11 月 20 日

附录 13

立足常规抓教学　深入检查促提升
——我校开展2023—2024学年第一学期11月教学、德育督导检查
（公众号）

　　为进一步规范学校教育教学常规管理，促进我校教学教研规范化、科学化、常态化，督促落实新课标理念，全面提高课堂教学质量，促进学校内涵发展，近日我校开展了教学、德育督导检查。

　　本次检查由行政中心组织安排，由校级领导、中层管理干部及各学部教师代表组成督导小组，通过动态课堂督导检查、常规资料检查（教师教案、教师专业成长手册、听课记录、作业批改记录、班主任工作手册及班级作业）等方式对德育、教学工作进行了全面、细致、深入的检查督导。

常规检查

　　在本次督导检查中，教师们教案环节完整，思路清晰；听课记录、专业成长手册、班主任工作手册书写工整、内容充实；各科作业批改细致、督促学生纠错到位，常规资料充分展现了我校教师严谨认真的工作态度和积极进取的精神面貌。对于检查中出现的问题和不足，督导组及时向学部进行了反馈、交流，取得了良好的效果。

动态课堂督导检查

　　行政例会上，各包抓领导就本次教学德育督导进行了细致、全面、客观反馈交流，共同商讨了教育教学改进优化措施，明确了下一步努力方向。

　　督导抓教学，检查促提升。我校将坚持立足常规，精耕细作，以常态化检查督导为抓手，继续抓实、抓细教育教学常规和德育常规工作，力求管理向精细化发展，发展向内涵化延伸，教育教学质量再创新高！

附录 14

青蓝相继，携手同辉

秦都区英才学校新进教师暨新时代城乡教育共同体"青蓝工程"实施方案

一、指导思想

为加快新时代城乡教育共同体学校青年教师的成长步伐，充分发挥骨干教师的"传、帮、带"作用，有效促进教师业务素质和专业技能发展，建立高素质的优秀教师队伍，全面提升各成员校的教育教学质量，秦都区英才学校特制订《秦都区英才学校新时代城乡教育共同体"青蓝工程"实施方案》。

二、培养对象

本着"三人行必有我师"的态度，面向共同体学校全体教师，尤其是新分配的教师或新调入学校工作的教师进行拜师学艺。在自愿主动的基础上，由学校牵头进行师徒结对，帮助青年教师在班级管理、学科教学、家校沟通等方面快速提升。

三、培养时间

培养周期为一学年。

四、培养对象职责

1. 培养对象应虚心接受导师的指导培养，有问题随时向导师学习、请教。

2. 培养对象每天上课前一天将自己的教案向导师进行汇报、说课，导师给予指导意见，培养对象自行填写记录表。（备注：如果徒弟和导师所带科目是带同一年级，徒弟必须先听导师的课，再上课）

3. 共同体成员校老师可利用微信、QQ 或录制视频的方式请教导师，也可抽时间到导师学校进行面对面交流、学习。

4. 主动要求导师听自己的课或主动邀请导师进到自己的班级进行管理指导、点拨、评析，虚心求教。

5. 每月月底在校内上一节汇报课。共同体成员校徒弟和领导也需参加。

6. 每学期结束时认真写好拜师学习的收获和总结。

五、指导教师职责

1. 为确保培养工作落到实处，学校实行新教师培养导师制。老教师均有培养新教师的义务，不得以任何理由拒绝学校的安排，并随时为新教师解决教学中的问题。

2. 导师应认真履行职责，严格要求，全面关心培养对象，耐心细致地帮助培养对象，以加快新教师成长，尽快胜任班务管理、学科教学和其他相关工作。

3. 每周至少听一节培养对象的课，听课后或指导后应有评析，给培养对象及时点拨。每月月底指导培养对象在校内上好汇报课。

4. 指导培养对象写教学随笔，记录教学心得、体会，定期作教学分析，开展教学反思。

5. 每学期对培养对象的情况作一个小结和评价，培养周期结束时有一个较为全面的总结和评价。

6. 如学校各种听课活动中，培养对象出现严重失误，导师为第一责任人。

六、津贴补助

1. 导师每月有津贴补助。

2. 培养对象在教学方面有获奖时，给予导师一定的奖励。

3. 导师制定目标实现时，对导师进行相应奖励。

七、工作实施和要求

1. 行政管理中心制订方案并提供培养一对一名单，由各学部教导处负责工作的具体实施。

2. 行政管理中心每学期对"青蓝工程"工作进行总结和评估。建立教师成长档案袋，记录教师的培养和成长过程，并作为教师和学校发展的档案资料。

八、"青蓝工程"启动仪式

（一）具体时间：2023年9月20日17：30

（二）地点：四楼报告厅

（三）仪式议程

1. 表彰优秀师徒。

2. 宣读"青蓝工程"培养名单。

3. 宣读导师、培养对象工作职责。

4. 双方签订结对协议。

5. 校领导向导师颁发聘书。

6. 徒弟向导师敬献鲜花。

7. 导师代表发言。

8. 徒弟代表发言。

9. 校长讲话。

10. 拍照留念。

秦都区英才学校
2023年9月14日

附录15

青蓝相继，携手同辉

秦都区英才学校举行新进教师暨新时代城乡教育共同体"青蓝工程"师徒结对仪式

（公众号）

为充分发挥骨干教师和区域优质教育资源的"传、帮、带"作用，促进青年教师教学业务能力、教育教研思想和班级管理水平的快速提升，进一步优化新时代城乡教育共同体学校教师队伍建设，推动区域教育教学质量高质量蓬勃发展。2023年9月20日下午，我校隆重举行秦都区英才学校新进教师暨新时代城乡教育共同体"青蓝工程"师徒结对仪式，共同体成员校领导、师徒结对教师参与活动，仪式由行政中心副主任主持。

会上对优秀师徒进行了表彰，宣读了"青蓝工程"培养名单和导师、培养对象工作职责，向导师颁发了聘书，结对师徒在协议书上郑重签字。

学校"青蓝工程"师徒结对仪式活动照片（一）

提灯引路，薪火相传。相信有经验丰富的师傅们作指引，徒弟们定能在专业化成长之路越走越精彩。

师傅代表发言：鱼××老师表示帮带是相互的，感谢学校搭建了这个真诚合作、共同进步的平台，她代表全体师傅表态，要做到言传身教、率先垂范，倾囊相授、用心帮助，认真履行师傅的职责，在教学相长中不断促进教育教学能力共同提高。

徒弟代表发言：两位老师表示，作为徒弟需珍惜学习的宝贵机会，"见贤思齐"，继承和发扬师傅们的爱岗敬业的精神、严谨治学的教风、一丝不苟的工作态度，用精心教学、爱心教育、虚心求教、用心反思的"四心"保证培养好的教育教学习惯、锤炼教育教学能力和班级管理能力,快速成长为优秀的人民教师。

学校"青蓝工程"师徒结对仪式活动照片(二)

校长讲话:袁×校长对受到表彰优秀师徒表示最热烈的祝贺,对共同体学校领导和教师的莅临与支持表示衷心的感谢,对新结对的师徒提出殷切期望,表示希望各位师父们认真思考,主动担当,从徒弟身上感受年轻人的蓬勃朝气和创新精神,把丰富的教育教学理论和经验、独到的班级管理办法、踏实严谨的工作作风、爱岗敬业的奉献精神、全面育人的教育理念,通过言传身教的方式传递给徒弟。帮助他们提高执教能力,尽快站稳课堂,努力使他们成长为各自学科领域的教学新秀。希望各位徒弟们珍惜机遇,虚心求教,怀揣感恩之心用行动向师傅表明自己学习的诚意,勤于聆听、勤于提问、勤于反思、勤于总结,用尊重、谦逊、进步、蜕变向师父汇报,为社会交卷,期待徒弟们在一年的学习之路上满载而归,羽化成蝶,遇见最美好的成长风景。

学校"青蓝工程"师徒结对仪式活动照片(三)

秋风送爽青蓝相继,志和聚力携手同辉。喜看教育之路的薪火相传,共愿杏坛芳华弦歌不辍。万里征程秋风劲,奋楫逐浪启新篇。相信在接下来的日子里,所有结对师徒定能同舟共济扬帆起,乘风破浪万里航,实现专业成长,携手谱写区域教育高质量发展崭新篇章!

附录 16

秦都区英才学校新时代
城乡教育共同体"青蓝工程"徒弟阶段性汇报课活动方案

为进一步加大对青年教师的培养力度，夯实青年教师教学基本功，帮助青年教师不断提高教育教学水平和班级管理能力，充分发挥学科带头人、骨干教师的示范作用和老教师的传、帮、带作用，特此开展"青蓝工程"徒弟阶段性汇报课，检查师徒阶段交流成果和徒弟课堂驾驭能力，以此推动新时代城乡教育共同体青年教师队伍建设。具体方案如下：

一、领导小组

组　长：袁×

副组长：张××、魏××、王××、姜××、李××、张　×、赵　×、白××

成　员：孙××、陈　×、贾××、刘　×、孙　×、穆××、焦　×、白　×、牛　×

二、活动时间

2023年10月25日至10月27日（共三天）。

三、活动地点

语文组：蕴德楼四楼自西向东第一间教室

数学组：蕴德楼四楼自西向东第二间教室

英语组：蕴德楼四楼自西向东第三间教室

综合组：蕴德楼四楼自西向东第四间教室

体育组：操场

四、活动要求

1. 授课教师

（1）自选课题，认真备课，师傅审核、把关、指导。

（2）教学设计贴合新课标，关注重难点。

（3）鼓励利用现代化教学手段，合理利用多媒体资源。

（4）教学环节齐全，鼓励展现个人风采。

（5）自备教具，板书设计应清晰、合理。

（6）英才教师自备学生20人，同时负责学生的安全保障工作；共同体成员校教师上课学生由相关学部安排专人全程负责。

（7）课堂应语言规范，举止大方，仪表整洁。

（8）课后将教案、课件、教后反思（电子及纸质版），交予学部。

2. 听课人员

（1）领导小组随机听课。

（2）同学科的学科负责人、同学科结对师徒必须听课。

（3）同学科无课的教师，由学科组安排参与听课。

3. 其他人员

（1）服务中心负责上课教室桌椅摆放、卫生以及所需物品（白色粉笔、彩色粉笔、板擦）。

（2）行政中心负责全程跟进、拍照、宣传工作。

（3）各学部按要求及时通知此活动，要求全体教师高度重视，积极参与，确保此次活动圆满完成。同时要为共同体老师做好配合工作。

（4）各学部于 10 月 30 日中午 12 点前将上课教师的教案、课件、教后反思（电子及纸质版）打包上交行政管理中心师××处。

以上安排可根据实际情况进行调整。

五、具体授课时间安排表

1. 语文组

10 月 25 日

上课教师	上课时间	学科	授课年级
邓××	14：30 — 15：10	语文	三年级
王　×	15：20 — 16：00	语文	三年级
魏　×	16：10 — 16：50	语文	一年级

10 月 26 日

上课教师	上课时间	学科	授课年级
宋××	14：30 — 15：10	语文	一年级
李　×	15：20 — 16：00	语文	一年级
邓××	16：10 — 16：50	语文	一年级

10 月 27 日

上课教师	上课时间	学科	授课年级
张××	14：30 — 15：10	语文	一年级
尚××	15：20 — 16：00	语文	五年级
徐××	16：10 — 16：50	语文	一年级

2. 数学组

10 月 25 日

上课教师	上课时间	学科	授课年级
侯××	14：30 — 15：10	数学	二年级
张××	15：20 — 16：00	数学	六年级

10 月 26 日

上课教师	上课时间	学科	授课年级
寇××	14：30 — 15：10	数学	一年级
朱××	15：20 — 16：00	数学	七年级

3. 英语组

10 月 25 日

上课教师	上课时间	学科	授课年级
贺　×	14：30 — 15：10	英语	三年级
华××	15：20 — 16：00	英语	五年级
韩××	16：10 — 16：50	英语	三年级

4. 综合组

10 月 26 日

上课教师	上课时间	学科	授课年级
张　×	14：30 — 15：10	音乐	二年级
栗××	15：20 — 16：00	信息	三年级
程××	16：10 — 16：50	道法	二年级
罗××	14：30 — 15：10	体育	四年级
高　×	15：20 — 16：00	体育	一年级

秦都区英才学校行政中心

2023 年 10 月 17 日

附录 17

秦都区英才学校新时代城乡教育共同体"说课大赛"活动方案

为进一步加大对青年教师的培养力度，夯实青年教师教学基本功，帮助青年教师不断提高教育教学水平和班级管理能力，充分发挥学科带头人、骨干教师的示范作用和老教师的传、帮、带作用，特此开展"青蓝工程"徒弟阶段性汇报活动，检查师徒阶段交流成果，以此推动新时代城乡教育共同体青年教师队伍建设。具体方案如下：

一、领导小组

组　　长：袁×

副组长：张××、魏××、王××、姜××、李×、李××、张×、赵×、白××

二、活动时间

2024年1月4日14：30。

三、活动地点

语文组：蕴德楼四楼自西向东第一间教室

数学组：蕴德楼四楼自西向东第二间教室

英语组：蕴德楼四楼自西向东第三间教室

综合组：蕴德楼四楼自西向东第四间教室

四、评委组

语文组：张××、陈×、张××、杨××、明德学部教师1人

数学组：赵×、陈××、彭××、韩×、明德学部教师1人

英语组：李××、高×、杨×、孙××、小学学部教师1人

综合组：李×、张×、付×、王×、小学学部教师1人

五、活动要求

1.说课教师

（1）自选内容，并将所选教材内容复印5份，比赛时4份交给评委组，1份交给行政中心工作人员。

（2）精心准备说课稿，师傅审核、把关，指导；说课内容包括"说教材、说目标、

说重难点、说教法学法、说教学过程，说板书设计"六个部分。说课要以教学实践为基础，全面把握说课内容。说课应有充分的理论依据或本人教学实践经验总结的成熟观点。

（3）教学目标、教法、学法及教学程序设计要根据学情，坚持以能力为本位的教学指导思想，充分体现对学生的能力培养。

（4）详略得当，重点突出，显示特色。

（5）说课时必须使用普通话，英语学科应做到全英说课。说课时间以不超过10分钟为宜，尽量做到脱稿。

（6）鼓励利用现代化教学手段，合理利用多媒体资源。

（7）说课结束后将说课稿（电子及纸质版）交予学部，由学部统一上交行政中心师××处，共同体成员校教师直接发至学习交流群。资料上交截止时间为1月5日中午12点。

2. 听课人员

（1）领导小组随机听课。

（2）同年级、同学科的学科负责人，同学科的师徒必须参与听课，自行调课。

（3）同年级、同学科无课的老师，应在不影响正常教学的情况下，积极参与听课。

3. 其他人员

（1）服务中心负责说课教室卫生。

（2）行政中心负责全程跟进、拍照、宣传工作。

（3）各学部按要求及时通知此活动，要求全体教师高度重视，积极参与，确保此次活动圆满完成。（本次活动评委的打分结果将作为本学期师徒结对帮扶成效的重要考核依据）

以上安排可根据实际情况进行调整。

六、具体时间

1. 语文组

说课教师	说课时间	学科
王 ×	14：30 — 14：40	语文
邓××	14：45 — 14：55	语文
魏 ×	15：00 — 15：10	语文
宋××	15：15 — 15：25	语文
李 ×	15：30 — 15：40	语文
邓××	15：45 — 15：55	语文
张××	16：10 — 16：20	语文
徐××	16：25 — 16：35	语文
尚××	16：40 — 16：55	语文

2. 数学组

说课教师	说课时间	学科
侯××	14：30 — 14：40	数学
张××	14：45 — 14：55	数学
寇××	15：00 — 15：10	数学
朱××	15：15 — 15：25	数学

3. 英语组

说课教师	说课时间	学科
贺 ×	14：30 — 14：40	英语
韩××	14：45 — 14：55	英语
华××	15：00 — 15：10	英语

4. 综合组

说课教师	说课时间	学科
张 ×	14：30 — 14：40	音乐
栗××	14：45 — 14：55	信息
程××	15：00 — 15：10	道法
罗××	15：15 — 15：25	体育
高 ×	15：30 — 15：40	体育

秦都区英才学校

2024 年 1 月 2 日

附录18

说课比赛展风采 魅力绽放促成长

秦都区英才学校开展新时代城乡教育共同体"青蓝工程"徒弟第三阶段汇报活动

（公众号）

为进一步加强教师队伍建设，检阅"青蓝工程"阶段成果，推动新时代城乡教育共同体青年教师队伍建设，2024年1月4日下午，我校开展新时代城乡教育共同体"青蓝工程"徒弟第三阶段汇报活动，本次汇报以说课的形式进行，分为语文、数学、英语、综合四个组进行，21位英才教师及教育共同体教师在师傅的审核、把关、指导下自选课题，认真备课，呈现出精彩纷呈的说课展示。

学校"青蓝工程"汇报课活动

活动中，教师们语言规范，逻辑性强，教态沉稳大方，说课结构完整，都能紧扣新课程标准，从说教材、说学情、说目标、说重难点、说教法学法、说教学过程、说板书设计等方面进行详细的阐述，并依据学科特点，结合学情，展示自己独特的教学思索。

说课展示结束后，评委教师们充分肯定了徒弟们的成长和进步，结合每位教师自身的特点和说课内容给予专业的点评指导和改进建议，鼓励教师带着更高的目标研究教学，探索高效课堂的有效途径。

桐花万里丹山路，雏凤清于老凤声。青蓝共促，研以致远。本次活动充分展现了青年教师们饱满的精神状态、扎实的学习成果和良好的专业素养。"青蓝工程"的各位徒弟教师们将以此次说课汇报活动为契机，继续潜心学习，磨砺内功。在教学教研中扎实前行，立足新课标，着眼新课堂，追求卓越，成就精彩！

附录19

秦都区英才学校2023—2024学年度强师计划方案

为进一步加强我校名师队伍建设，提升教师的课堂教学效率，促进教师专业成长和课堂教学水平的提高，经学校决定，特制订教学能手种子选手培养方案。

一、种子选手名单

1. 强师计划

小学：郝××（语文）、贾××（英语）、张××（数学）

明德：雷 ×（英语）

初中：穆××（英语），林 ×、陈 ×（政治），李××（语文），彭 ×（数学）

2. 教坛新秀

小学：郭××（语文）、段××（数学）、李××（语文）、张 ×（体育）

明德：王××（数学）

二、培养流程

粗磨—细磨—精磨

粗磨：每位教师每周进行一次课堂展示（四年级或五年级；八年级），其目的是熟悉并解读教材，并邀请6位同学科教师进行听课，课后可以给予建议，认真填写听课反馈表，思考每一节课的得与失，同时也为我校其他教师提供一个学习的平台。

细磨：每月月底学校组织一次磨课活动，邀请专业的名师参加活动，并对说课、上课进行悉心指导。（详见每月具体活动方案）

精磨：每学期期末行政管理中心按区上教学能手赛比赛程序进行校内教学能手比赛（抽课、备课、说课、答辩、上课）。

三、听课人员

每周听课教师由讲课教师自行寻找6位教师进行听课并给予评价和建议。

每月月底听课人员由行政管理中心安排，其他教师自愿参加。

学期末教学能手赛活动由行政管理中心负责安排。

四、各类待遇

1. 每月津贴补助××元。（按完成课堂展示和反馈表情况进行具体考核）

2. 考勤方面放宽政策，如有需要外出学习之类，直接向主管领导告知即可，不用履行请假手续。

五、其他事项

1. 每位教师周五上报下周上课时间和地点。

2. 每周上课结束填写听课反馈表。

3. 每位选手每周至少和导师进行一次学习（听课、评课、课标解读、教材解读等）。

秦都区英才学校

2023 年 11 月 6 日

附录20

见"微"知著 名师引领

我校开展新时代城乡教育共同体微型示范课暨专项培训活动

（公众号）

微型课教学是检验教师课堂教学能力的重要体现，也是近年来评优赛教的重要形式。为进一步加强教师队伍建设，充分发挥"三级三类"骨干教师传、帮、带作用，促进青年教师成长，近日我校开展了"名师工程"第一阶段教学能手示范课和专项培训活动，由我校省、市级教学能手进行微课专项培训和微型示范课，学校及共同体成员校"强师计划"培养教师、"青蓝工程"徒弟和本学年新入职教师参与培训。

1. 微型课专项培训

省级教学能手孙×老师从微型课课例和参赛经验出发，分别从"微型课及其特点""微型课的现存问题""如何上好微型课"三方面对如何讲好微型课进行了深入浅出的阐述。培训中孙老师结合部编版语文教材，强调了微型课的五大关键点：目标确定准而简、教学内容小而精、设计思路清而明、生本理念真而实、特色亮点妙而显。

省级教学能手焦×老师结合"评价微型课十项指标和评分标准"，详细讲解了微型课反思答辩与备课磨课技巧。她指出微型课必须要纵横把握教材整体结构，深入研读新课标和教材，融会学科核心素养，精巧构思课堂环节，注重板书和知识脉络，凸显新课标育人理念。

微型课专项培训

浅谈如何上好微型课　　　　　　　　如何进行教后反思

2. 微型课示范课

省级教学能手马××老师和市级教学能手任××老师分别进行了微型课展示。两位老师根据课程标准，立足综合素养，参照学科特点设计精巧课堂，教学环节清晰，教学形式多样，教学亮点鲜明，课堂中师生互动良好，学习氛围浓郁，充分展示了教学能手扎实的教学基本功和良好风采。

美术示范课《放学了》　　　　　　　数学示范课《三角形的中线》

在场教师们认真仔细聆听、认真观摩，纷纷表示受益匪浅，进一步掌握了微课堂设计及教学实施的基本方法和策略。本次培训为我校青年教师发展和专业成长提供了有效支撑，为提升教师专业水平技能奠定了基础。

教育是一场向美而行的遇见，课堂是一次学以致用的耕耘。相信通过本次培训，老师们定能从"微"处着手，"实"处出发，紧跟时代步伐，不断精进专业能力，勇攀教学教育教研的一座座高峰，携手齐头共向上，同迎百花满园香！

附录 21

秦都区英才学校校本课题研究实施方案

一、指导思想

树立"问题就是课题,反思就是研究"的教育科研理念,依据"小步子、低台阶、快节奏、求实效"的原则,从教育教学实践中的小现象、小问题、小策略入手,通过校本课题研究的形式,引领教师人人开展教学行动研究,建立"人人有课题,个个在研究"的校本课题研究机制。

二、组织管理体系

(一)校本课题研究的管理体系

建立学校、学部、学科组"三级管理"研修体系。

(二)领导小组

组　长:袁　×

副组长:李××、张　×、赵　×、白××

成　员:孙××、陈　×、孙　×、穆××、贾××、焦　×

(三)各组织机构职责

1. 学校领导小组的主要任务是根据学校实际,提出落实校本课题研究的具体措施,组织全校性的校本课题研究活动,加强对学校各学科组校本课题研究的规划管理、总结,推广校本课题研究的经验。

2. 以各学部为单位,建立校本课题研究小组。其主要任务是规划本学部的校本课题研究工作,组织每周一次的研修活动,落实校级校本课题研究管理机构的任务。

3. 以学科组为单位,建立学科年段研究小组。组织本组教师研究和解决在课程实践中遇到的问题,确定本学科校本课题研究的专题,组织开展同伴互助和案例研究。落实学校、学部的校本课题研究任务。

三、实施目标

以学校—学部—学科组—教师个人为依托,建立"教师课题研究"体系,充分调动我校教师教学研究的积极性,养成科学探究的好习惯、好方法,使每位教师能在研究中不断解决教育教学中的实际问题,不断丰富教育教学经验,不断提升专业素养,不断提高教学质量。

四、具体安排及实施流程

(一)筹备阶段

明确开展校本课题研究的目的,开展课题研究的策略与方法的培训,制订学校开展课题研究的实施方案。

（二）发动阶段

由行政管理中心组织各学部开展校本课题研究的宣传、发动活动。学部、学科组组织讨论学科开展课题研究的实施方案，使所有教师明确课题研究的目的、意义、方法、步骤、任务，调动教师开展小课题研究的积极性，切忌走形式、摆花架、应付材料，注重实效，注重成果积累和推广。

（三）实施阶段

校本课题研究本着立足课堂，解决教育教学实践中的现实问题，稳步推进的原则，采取全面铺开、典型示范、协作研究的策略，把课题研究做实、做细、做深。

1. 认真选题

各课题组、各教师认真反思自己在教学、管理工作中存在的突出问题，查阅、收集和整理相关的资料，认真分析筛选，确定本学期的研究题目。

2. 课题申报

一个课题的研究者可以是一位教师，可以是教师团队，也可以是一个学科组或部门或中心。一个课题组成员不超过三人。

参加校本课题研究的教师，向学校提交课题，经过审批后，填写《校本课题研究申请评审书》，制订课题研究实施方案，确定研究的主要内容，阐明所解决的问题和预期达成的目标，提出研究的方法、步骤和主要成员，明晰课题研究的主要措施。

3. 课题审核

逐级审核，先由学科组、学部对教师提交的课题进行审核，在规定的时间集中申报立项，再由课题领导小组和课题评审组对教师申报的课题进行审核，并下发立项通知书，特别有价值的，将为区、市级推荐。

4. 课题管理

行政管理中心要加强研究的过程管理，组织校本课题承担教师制订课题实施方案，定期组织校内研讨，为课题组间搭建交流的平台，分享经验，交流困惑，互相启发，促进各自的研究深入；行政管理中心每学期组织一次课题开展情况调度，指导课题承担教师整理研究成果，撰写课题研究报告。

5. 结题鉴定

每学年结束前，行政管理中心组织课题评审小组对各教师开展的校本课题研究进行成果鉴定，研究成果有价值的将在全校范围内进行推广。

（四）总结阶段

对一年来的做法、成果、存在的问题进行阶段性总结，开展评比活动，召开表彰会，总结经验，逐步推进小课题研究深入发展，积小课题为大课题。开展课题研究汇报展示课活动。

五、校本课题研究量化与考核

学校将量化考核办法，对各学部、学科组、教师个人参加小课题研究的工作情况进行量化考核。对课题的考核结果计入对学部的教科研督导评估中，对教师个人的考核结果计入教师个人的量化考核中。

秦都区英才学校

2023 年 8 月 30 日

附件

秦都区英才学校微型课题研究手册

课题名称：　　　　课题科目：　　　　课题负责人：

秦都区英才学校微型课题研究申报表

主持人姓名		任教学科	
工作单位		联系电话	
课题组成员		研究方向	
问题描述（描述课题产生的过程及问题，限定在500字内）			
课题名称（由问题提炼课题）			
研究思路（研究方法、步骤、时间部署等）			
预期成果			
援助要求			

秦都区英才学校微型课题研究计划

研究时间	
研究阶段	研究内容
准备阶段	
实施研究阶段	
总结阶段	
课题申请人所在学部意见 （申请书所填写的内容是否属实；能否提供完成本课题所需的时间和条件；是否同意承担本课题的管理任务和信誉保证） 　　　　　　　　　　　　　　　　　　　　　　学科组组长签字： 　　　　　　　　　　　　　　　　　　　　　　主管校长签字： 　　　　　　　　　　　　　　　　　　　　　　　　　　年 月 日	
立项审查意见 　　　　　　　　　　　　　　校长签字：　　　　学校（章） 　　　　　　　　　　　　　　　　　　　　　　年 月 日	

秦都区英才学校微型课题研究学期汇报表

课题名称				课题立项编号	
主 持 人		工作单位		联系电话	

课题组主要成员			
姓 名	工作单位	职务和职称	承担任务

本学期历次活动研讨主题及基本情况

本学期课题研究主要成果

课题研究存在问题及改进措施

附 录

秦都区英才学校微型课题研究结题报告

一、课题的提出

二、研究目标

三、研究内容

四、研究对象及范围

五、研究方法

六、课题研究的主要结论与观点（可附页）

秦都区英才学校微型课题研究结题报告

课题主要成果目录及附件（可另附纸）	

课题主要成果简述

学部鉴定意见	学部初评鉴定意见（写出200字以内的评语） 学科组组长签字： 主管校长签字： 年 月 日
学校意见	 校长签字： 学校（章） 年 月 日

附录 22

秦都区英才学校校本微型课题立项评审工作方案

为进一步推动科任教师专业化成长、将校本微型课题研究工作落到实处，检查各课题进展情况，特开展微型课题立项评审工作。评审工作分语文组、数学组、英语组、综合组四个小组进行。

一、评审组织机构

组长：马××

语文组评审：孙　×、李××、郝××、张××

数学组评审：焦　×、冯××、王××、任××

英语组评审：贾××、穆××、贾××、崔　×

综合组评审：马××、张××、陈　×、王　×、苗　×、任　×

注：各小组的第一位老师为小组负责人。

二、评审时间及地点

1. 时间：11 月 15 日—17 日

2. 地点：笃行楼一楼会议室

三、具体安排

1. 全体评审成员于 11 月 15 日 12：30 在笃行楼一楼会议室开会。

2. 各评审小组于 11 月 15 日—11 月 17 日，完成校本微型课题的评审工作。

3. 各评审小组按照附件，注明各课题的优点和不足，对不规范、不完善未能立项的课题说明原因，为后期修改和二次申报做好准备。优点和不足说明 100 字以上。

4. 各评审小组于 11 月 17 日 16：00 前，将所有评审资料统一交至马××老师处。

5. 对拟立项的校本微型课题，将于近期公布；未能立项的课题，相关老师要再次调整，进行二次申报。

秦都区英才学校

2023 年 11 月 13 日

附件

秦都区英才学校校本微型课题

秦都区英才学校微型课题研究结题报告

课题名称	
负责人	
优点	
不足及改进建议	

附录 23

专家讲座引领，赋能专业成长
（公众号）

研修蓄力促成长，笃学赋能再启航。2023 年 8 月 27 日，我校"再讲立德树人故事 深化五育并举实践"主题教育活动继续进行。全体教师通过聆听专家讲座学习新理念、明确新要求、磨炼新本领，促进师风大转变、师德大改善、师能大提升。培训会由行政中心副主任孙××主持。

罗××教授，陕西师范大学教育学博士、研究生导师。现为《中学数学教学参考》《中国数学教育》编委，中国教育学会中学数学教学专业委员会常务理事，中国教育学会少数民族数学教育学会理事，陕西省数学会理事，教育部师范专业认证专家，教育部中小学教材审定专家，研究方向为数学课程与教学、数学教师教育。发表研究论文 150 余篇，主持教育部、陕西省科研、教学项目 10 余项，在科学出版社、高等教育出版社等出版（参编）著作（教材）10 余部，获国家级高等教育教学成果奖 1 项，获陕西省高等教育教学成果奖 2 项。

罗××教授以《学习方案标准，明晰教学方向》为题做专题报告，对《义务教育课程标准（2022 版）》进行了高屋建瓴、深入浅出的解读，提出了课标理念落地实施的建设性建议，为广大教师后续教学教研工作更新了理念、理清了思路、明确了方向。

孔××教授，西北工业大学附属中学正高级教师，陕西师范大学语文教育硕士生导师。曾获第四届全国语文骨干教师说课大赛高中组特等奖，常年从事语文教学和高考研究、班级管理研究，多次参加高考阅卷工作。在《考试研究》《中学语文教学》《语文教学通讯》《中学语文教学参考》《陕西教育》《江西教育》《教师博览》等刊物发表学术论文、教育随笔数十篇。指导学生在省级以上刊物发表文章 40 余篇。

孔教授带来《从"美的相遇"到"走向自主"——班主任工作的思考与实践》主题讲座，结合班主任实际工作，分享了"玩"转新班九大锦囊，传授了提升德育科研能力的方法，针对班主任工作中的常见问题进行了详细指导。讲座内容翔实，既具有理论高度的指导，又有丰富的实践经验传授和案例，启人深思、激人奋进，赢得了在场教师们的热烈掌声。

专家讲座引领，赋能专业成长。本次讲座实践性和可操作性极强，结合课标精神和义务教育"双减"政策，积极引导一线教师深化课堂教学改革，对全面提高教学质量起到了促进作用。同时进一步丰富了班主任的管理知识和管理方法，对促进班主任教育管理水平的提升、专业化成长起到极大作用。

全体英才教师将时刻铭记教书育人的使命，甘当人梯，甘当铺路石，以人格魅力引导学生心灵，以学术造诣开启学生的智慧之门。将继续深研细磨，严把课程标准导向，以新思维新教法打造新型课堂，将不断掌握德育与班主任工作的理论知识，不断深化学习，成为终身的学习者、反思的实践者和教育教学的研究者！

罗教授
《学习方案标准，明晰教学方向》

孔教授《从"美的相遇"到"走向自主"
——班主任工作的思考与实践》

附录 24

秦都区英才学校"智慧课堂多媒体应用竞赛"活动方案

根据秦都区教育局《关于举办第二届中小学教师智慧课堂多媒体应用竞赛活动的通知》文件要求，结合我校教学实际情况，特制订具体实施方案如下。

一、活动目的

为了提升教师信息技术应用能力，推进信息技术与学科教学融合应用创新，构建智慧课堂、高效课堂，进一步发挥多媒体设备的使用效益，满足学习者在新型技术环境下的实际需求，特别是在"双减"环境下，充分利用信息化手段，促进信息技术与教育教学深度融合创新，达到"以赛促教、以赛促学、以赛促用、以赛促服务"的目的，进而带动一批信息技术应用骨干教师，打造一批示范应用精品课程，推动教学改革，改进教学方法，全面提高教育教学质量。

二、活动安排

1. 参赛人员

初 中 部：刘 ×

明德学部：郭 ×

小 学 部：李 ×、赵 ×

2. 比赛时间

2022 年 10 月 17 日。

3. 比赛地点

蕴德楼四楼由西向东第二间教室。

4. 听课人员

同年级同学科的教师尽量听课。

5. 评委组

王 ×、李××、张 ×、赵 ×、冯××、白××

三、比赛内容与形式

1. 竞赛内容

选题范围为学段内必修课题。

2. 竞赛形式

参赛教师准备好一节微型课，上微型课（无学生），说教学反思，上课时间 20 分钟，反思 5 分钟。

3. 辅助教学材料

辅助教学材料主要包括教学课件（电子版）、教学设计（纸质版2份和电子版）、教学反思（纸质版2份和电子版）和其他与教学内容相关的辅助材料，如练习测试、教学评价、教学素材、教具等。

四、活动要求

1. 参赛教师采用现代化教学手段，充分运用多媒体辅助上课。

2. 参赛教师的教学设计应该体现新课标理念，重难点突出。

3. 参赛教师应当语言规范，举止大方，仪表整洁。

4. 所有听课人员和评委老师按时到场。

5. 课后由评委组自行安排时间进行评课并给予等级评定。

6. 根据校级初赛评选结果和公示结果，按分配名额向区级推荐。

7. 活动参与现场请严格执行疫情防控相关要求。

附录 25

秦都区英才学校
2023—2024 学年度第一学期"开学第一课"活动方案

一、活动目的

经过一个轻松、愉快的暑假,新的学期已经开始,为了全面了解和掌握各学部新学期教学工作的开展情况,促使全体教师能够迅速进入良好的工作状态中,经学校研究决定,特进行本次活动。

二、活动形式

由各听课组自定在各学部随机推门听一节课。

三、听课人员

组　长:袁　×

语文组:袁　×、金　×、陈　×、孙　×

数理组:赵　×、孙××、白　×、焦　×

英语组:李××、穆××、贾××、崔　×

综合组:张　×、刘　×、牛　×、马××

四、活动时间

开学第二周(9月4日—9月8日)。

五、活动评价

各听课组利用课间或者安排其他时间对每位教师的课堂进行及时评价,确保此次活动的有效性。

六、其他事项

1. 请各学部重视此次活动,通知每位教师认真准备。

2. 各学部负责拍照原图打包发送行政中心罗×处。

3. 行政中心负责宣传。

行政管理中心
2023 年 9 月 1 日

附录 26

秦都区英才学校"第三届英才杯"教学能手比赛活动方案

为进一步提高教师课堂教学质量，搭建教师专业成长平台，发现典型，培养骨干，打造一支师德高尚、素质优良的教师队伍，加快促进学校内涵发展，充分调动广大青年教师的积极性，激发青年教师对教学工作的责任心和事业心，学校决定开展"第三届英才杯"教学能手比赛活动。结合学校实际，特制订本方案。

一、活动目的

1. 进一步锤炼教师教学的基本功，整体提高课堂教学水平。

2. 为教师提供相互切磋、相互交流、相互学习的机会，学习借鉴他人的教学艺术、教研成果，达到共同提高、共同发展。

3. 通过教学能手大赛活动，评选出教学能手，为上一级教学能手输送人才，为我校名师的评选奠定基础。

二、参赛对象

本年度参加"强师计划"的所有教师。

三、组织机构

（一）领导小组

组长：袁 ×

成员：李××、张 ×、赵 ×、白××

（二）评委小组

语文组：金 ×、陈 ×、孙 ×、杨 ×、王 ×

数学组：赵 ×、孙××、彭××、焦 ×、任××

英语组：李××、贾××、崔 ×、关 ×、孙××

综合组：张 ×、牛 ×、马××、闫××、陈 ×

四、比赛程序和评价办法

（一）比赛程序

1. 2024 年 1 月 2 日 14：30 已在微信群进行抽签，确定参赛顺序。

2. 成立我校教学能手比赛活动领导小组、评委小组，分学科组织比赛。

3. 公示阶段。经公示无异议，确定校级教学能手。

（二）评价办法

依据教育部中小学科目设置，确定比赛学科。上课内容、反思答辩均按照教育部颁布的学科课程标准执行。将采用分学科组、随机抽题的方式进行上课、反思答辩，并对选手综合素质进行打分考评。评选细则参照省市区教学能手评选反思答辩及上课评分标准执行。

五、具体安排

参赛时间地点：2024年1月10日

语文组

姓 名	抽课题时间	抽题、备课教室	上课、反思答辩时间	上课教室
郝××	7：30	综合楼五楼创客教室	8：40 — 9：10	蕴德楼四楼自西向东第一间教室
李××	8：05		9：15 — 9：45	
郭××	8：40		9：50 — 10：20	

数学组

姓 名	抽课题时间	抽题、备课教室	上课、反思答辩时间	上课教室
段××	7：30	综合楼五楼创客教室	8：40 — 9：10	蕴德楼四楼自西向东第二间教室
张××	8：05		9：15 — 9：45	
王××	8：40		9：50 — 10：20	
彭 ×	9：15		10：25 — 10：55	

英语组

姓 名	抽课题时间	抽题、备课教室	上课、反思答辩时间	上课教室
段××	7：30	综合楼五楼创客教室	8：40 — 9：10	蕴德楼四楼自西向东第三间教室
张××	8：05		9：15 — 9：45	
王××	8：40		9：50 — 10：20	
彭 ×	9：15		10：25 — 10：55	

综合组

姓 名	抽课题时间	抽题、备课教室	上课、反思答辩时间	上课教室
林 ×	7：30	综合楼五楼创客教室	8：40 — 9：10	蕴德楼四楼自西向东第四间教室（操场）
陈 ×	8：05		9：15 — 9：45	
张 ×	8：40		9：50 — 10：20	

备注：

1. 所有人员

各评委、参赛选手以及工作人员的课先自行调整，若调不开的由各学部统一安排，确保学部正常的教学秩序，无安全事故发生。

2. 行政中心

（1）准备好上课所用备课纸、制作抽签课题、统筹活动全程，并做好拍照及宣传。

（2）备课室抽题及监考负责人：张××、陈 ×

（3）制作抽签课题及上课教室负责人：何××（语文组），师××（数学组），张×（英语组），李××（综合组）

3. 服务中心

提前打扫备课、讲课教室卫生，配备20套桌椅，并摆放整齐，每间讲课教室准备板擦1个，彩色粉笔、白色粉笔各1盒。

4. 各学部

（1）通知其他老师应在确保不影响上课的前提下积极听课。

（2）参与比赛的学生由学部安排专人教师接送及管理。

5. 参赛教师

（1）自带相应年级的教材（四年级、八年级上册）及所需教具，手机及其他教辅资料一律不能带进备课室。

（2）参赛流程为上课20分钟，反思、答辩共10分钟。先上课，然后反思、答辩。上完课后，教案交给评委老师。教案上的编号为抽到的讲课顺序号。

（3）答辩内容为本节课中的问题及与本专业相关的知识。

秦都区英才学校

2024年1月8日

附录 27

秦都区英才学校"构筑理想课堂，提升教学质量"教学设计大赛活动方案

为进一步加强我校教师教学业务基本技能的锻炼，促进教师磨炼教学内功，优化整体素质，尽快提升我校教师对教材的自主研读能力和教学方案的设计能力，更好地锤炼教师备课基本功，实现教师有效备课，提高备课、上课质量，结合我校教师对"新课标"的学习，学校决定开展教师教学设计技能竞赛活动，为教师搭建一个锻炼提高、展示风采的平台。

一、组织保障

为了确保教师教学设计技能竞赛活动的顺利开展，特成立教师教学技能竞赛领导小组，成员如下：

组　　长：白××、彭××

副组长：文　×、王××、耿××、孙　×、焦　×

二、参赛对象

45 岁以下所有任课教师。

三、比赛学科

语文、数学、英语、思品、科学、音乐、体育、美术。

四、比赛时间

数学：10 月 27 日下午第二节课（教研活动时间）

语文：10 月 28 日下午第一节课（教研活动时间）

英语及小学科：10 月 29 日 17：10 — 18：10

五、比赛地点

蕴德楼二楼（原八年级教室）。

六、活动形式

1.竞赛内容为本学期所授学科教学内容。课题由学校统一确定，同年级同学科同一课题。

2.参赛教师所需的教材自备，参赛教师不准私自夹带任何与大赛有关的资料。

3.大赛所需的教学设计用纸，由学校教导处统一印制。

4.分个人和年级组评选设奖。个人奖：一等奖 2 人；二等奖 3 人；三等奖 5 人。

七、活动要求

1.各教研组长要加强对这次活动的组织和领导，要充分发挥学校教研组的作用，要重视过程、重在参与、重在实效。

2.教师要积极准备参加这次大赛活动，做到互相学习、比学赶帮，岗位练兵、提高素质，通过这次活动促进全校教师教学基本技能的提高。

3.本次活动结果要和我校的业务考核结合起来。

秦都区英才学校小学本部

2020 年 9 月 30 日

附录 28

秦都区英才学校 2023—2024 学年
第一学期示范课活动安排

一、活动目的

为检测教师暑期自我研修及备课成果，大力加强我校教师队伍建设，促进教师专业发展，进一步打造"2155 课堂"教学模式，推进素质教育实施，切实引导全体教师深入探讨课堂教学规律，钻研教材教法，全面提高教育教学质量，在学校内形成良好教学氛围，特设计本活动。具体安排如下：

二、领导小组

组　　长：袁×

副组长：李××、张　×、赵　×、白××

成　　员：孙××、陈　×、孙　×、穆××、贾××、焦　×

三、活动时间

9 月 11 日—9 月 13 日。

四、活动地点

蕴德楼四楼、五楼。

五、上课安排

1. 时间：9 月 11 日—9 月 13 日

2. 地点：蕴德楼四楼自西向东第一间教室（小学组）

　　　　蕴德楼五楼自西向东第一间教室（初中组）

3. 具体安排

（1）小学组

	上课时间	说课时间	上课教师	科目	课题
9月11日 星期一	14：30 — 15：10	15：10 — 15：15	刘　×	语文	《美丽的小兴安岭》
	15：30 — 16：10	16：10 — 16：15	赵　×	数学	买文具
	16：30 — 17：10	17：10 — 17：15	雷××	英语	Today is her birthday
9月12日 星期二	14：30 — 15：10	15：10 — 15：15	吴××	语文	《王戎不取道旁李》
	15：30 — 16：10	16：10 — 16：15	王××	数学	《轴对称再认识（一）》
	16：30 — 17：10	17：10 — 17：15	杨　×	英语	What do they have on the farm?
9月13日 星期三	14：30 — 15：10	15：10 — 15：15	张××	语文	《盼》
	15：30 — 16：10	16：10 — 16：15	吴　×	数学	《过河》
	16：30 — 17：10	17：10 — 17：15	李　×	英语	What do they have on the farm?

（2）初中组

	上课时间	说课时间	上课教师	科目	课题
9月11日 星期一	14：30 — 15：10	15：10 — 15：15	任××	语文	《"飞天凌空"——跳水姑娘吕伟夺魁记》
	15：30 — 16：10	16：10 — 16：15	彭　×	数学	有理数的乘方
	16：30 — 17：10	17：10 — 17：15	郑××	英语	My name is Gina
9月12日 星期二	14：30 — 15：10	15：10 — 15：15	王　×	语文	《背影》
	15：30 — 16：10	16：10 — 16：15	任××	数学	算术平方根
	16：30 — 17：10	17：10 — 17：15	李××	英语	This is my sister
9月13日 星期三	14：30 — 15：10	15：10 — 15：15	李××	语文	《咏雪》
	15：30 — 16：10	16：10 — 16：15	李　×	数学	平方根
	16：30 — 17：10	17：10 — 17：15	王××	英语	This is my sister

六、活动说明

1. 听课人员

（1）领导小组成员随机听课（自己所带学科的课必须听），学部教学主任全程参与。

（2）听课活动不得影响学部教育教学工作正常运转。

（3）同学科教师全部参与听课，听课教师自行调课，听课时做好笔记。

（4）如遇确实无法调课的情况，年级组报各学部教导处报备，学部做好考勤。

2. 上课人员

（1）自备教具、课件、师生教材等所需教学资源。

（2）自带20名上课学生。

（3）提前15分钟带入候课室

小学组候课室（蕴德楼四楼自西向东第二间教室）。

初中组候课室（蕴德楼五楼自西向东第二间教室）。

（4）学部及上课教师安排好学生往返教室的安全保障工作。

3. 活动纪律

（1）听课教师至少提前2分钟进入教室，开始上课后不得进入。

（2）听课全程保持安静，手机需保持静音或震动状态。

4. 部门协调

（1）行政中心

统筹安排活动前期各项工作。9月11至13日活动期间，做好上课计时，安排上课教师候课及衔接，及时调整听课区域布局，拍照及宣传。

（2）服务中心

9月11日上午11点完成上课教室布置，准备粉笔及板擦，规划听课区域，摆放听课凳，调试希沃白板，排除沿途安全隐患。

9月11至13日活动期间，做好各项后勤保障工作。

（3）各学部

做好活动前通知及安排；做好活动中的人员协调和安全保障。

以上安排可根据实际情况进行调整。

秦都区英才学校行政中心
2023年9月7日

附录29

秦都区英才学校2022—2023学年第二学期书法大赛

"翰墨书香情,书写绽芳华"

一、活动目的

为了加强我校语文教师的基本功训练,提高语文教师的基本素养,特开展语文教师基本功过关活动。

二、活动内容

硬笔书法。

三、参加人员

一至五年级各抽4名语文教师,六至八年级各抽2名语文教师。

四、活动时间与地点

4月21日8:00—8:30蕴德楼自西向东第一个教室。

五、评委组

马××、张××、耿××、贾××

六、考核规则

书写内容、纸张由行政管理中心统一安排提供,参赛教师在规定的时间内进行硬笔书法书写,时间15分钟。

七、评分标准

硬笔书法评分标准如下。(总分100分)

1. 书写规范、工整、无错别字。20分

2. 字体大小适中、行款整齐,布局美观合理。20分

3. 文笔流畅、版面清洁。20分

4. 按照要求书写内容。20分

5. 笔画生动、风格灵动、有鲜明个性。20分

八、考核等级划分

本次考核满分100分,成绩90分以上为优秀,80~90分为良好,70~80分为合格,70分以下为不合格,如有不合格教师,各学部督促教师自主学习,随后安排进行补考,如补考还未达到70分,学校将进行严肃处理。

九、其他事项

1. 行政中心负责宣传。

2. 服务中心负责教室卫生。

秦都区英才学校

2023 年 4 月 14 日

附录 30

立足素养明考点，精讲细解提质量
秦都区英才学校开展新时代城乡教育共同体讲题大赛活动
（公众号）

为进一步加强教师队伍建设，激励教师深入钻研习题教学，提升教师教学基本功水平，切实提高课堂教学效率，促进教育教学质量提升，2023年12月26日—27日，我校组织开展了新时代城乡教育共同体讲题大赛活动。本次大赛评审团由校领导及学科组负责人组成，参赛选手依据新课标中关于该学科的学业质量的具体要求，紧扣考点热点，上一节20分钟有生"微型习题课"。课后评委从"对题目的理解""教法及学法指导""讲题过程""教师基本功"四方面进行量化评比，提出建设性提升建议。

本次比赛共有我校各学部及共同体成员校推选的15名优秀选手参赛，赛前，教师们精心准备，吃透考纲，精研讲法，比赛中各位老师表现出色，亮点纷呈，充分展示了精湛的专业水平和昂扬的个人风貌。同学科组教师积极观摩学习、课后参与交流互鉴，研讨氛围浓郁。收到了良好的活动效果。

立足素养明考点，精讲细解提质量。本次讲题大赛极大地激发了教师探索习题教学、提升业务能力的热情，带来了精彩的思维碰撞。我校将以此次比赛为起点，鼓励教师不断加强对习题教学的研究，钻研方法规律，注重对模型的构建、对知识的拓展、对方法的总结，切实提升课堂教学实效，携手谱写教育教学高质量发展新篇章！

学校新时代城乡教育共同体讲题大赛活动照片

附录 31

秦都区英才学校"2155"高效课堂模式建构

为立足以学定教,打造高效课堂,改变传统的"教师讲、学生听"的填鸭式教学模式,将学生置于教学主体位置,教师成为学生的"帮促者",学生由被动地接受知识转变为主动地探究知识,提升课堂效率,特制订"2155"高效课堂模式。

"2155"课堂教学模式是以教师引导为前提,以学生自学、合作、交流、应用、反思为中心的课堂教学思路。教师为学生构建学习的平台(知识、环境和程序等),通过师生、生生的互动,促进全体学生主动学习、自主创新、共同提高,实现将知识、能力和情感内化升华的目的。

"2155"高效课堂流程要求如下。

一、精讲点拨(20分钟)

教师要准确把握课标、教材内容,根据学习内容和学生实际,积极创设有利于新知识学习的教学情境。具体包括知识的铺垫、新知识的引入激疑、学生学习热情的激发等,对重点、难点、易错点进行重点讲解,帮助学生解难答疑,总结答题规律,点拨答题方法与思路。

力求做到"四讲三不讲"原则。

"四讲"是指:讲重点;讲难点;讲易错、易混、易漏点;讲高频考点。

第一个"讲",其中的重点指的是对今后学习乃至终身发展有基础性作用的内容,以及从未接触过的、与以前联系不大的内容。这一部分内容在新授课中体现得较多,但我们不要理解成,只要是新授课,就一讲到底。在练习巩固时,也应该给予学生充分的时间,以形成认知结构,或者在讲课过程中,设计有关问题,给予学生时间,积极探索,认真研究。

第二个"讲",对于大部分同学不会的问题,就是难点。在习题课和复习课上较常见,由于不会的同学很多,教师不可能一一给予解答,这就应该在课堂上集体讲解,通过知识传授形成技能,节约时间,提高效率。

第三个"讲",易错、易混、易漏点都是在学习过程中容易出现问题的内容,往往三令五申也得不到有效解决的问题,往往在测试检测时,容易暴露出来,应该引起我们足够的重视。

第四个"讲",高频考点。根据教学目标和教学重难点各科目都有各自的高频考点,这些"考点"就是上课要讲的"重点",尤其是初中阶段,要从七年级开始在日常教学中链接中考考点，树立中考意识，帮助学生建立高频考点的思维网络，在考中练，在练中考，不断识记、掌握、巩固高频考点。

"三不讲"是指：学生已经学会了的不讲；学生通过自己学习能够学会的不讲；讲了也不会的不讲。

第一个"不讲"，好理解，学生已经会了，再讲也引不起学生的注意，再说也是浪费时间。

第二个"不讲"，教师要充分相信学生，发挥学生的主体地位，把学习内容经过教师的加工，转化为"导学案"，学生按照"导学案"这样的"线索"，通过自己预习、思考、探究、讨论，已掌握了的知识不用讲，再讲只能是"费力不讨好"。

第三个"不讲"，不符合学段学习要求的、拔高的、有难度的、讲了学生也听不懂的知识点不讲。

做到了"四讲三不讲"，讲的时间少了，给学生支配的时间多了，就给了学生主动性。再加上教师适当地引导，加强双边活动，也容易使学生真正成为课堂的主人。

二、合作探究（10分钟）

自主、合作、探究是新课标倡导的学习方式，要求教师充分调动学生自主学习、合作探究的积极性，要把开放的课堂还给学生，把说话的权利还给学生，使学生成为课堂的主人。

学生把学习中遇到的疑点、难点、重点问题提交给学习小组，小组成员针对这些问题进行讨论探究，共同找出解决问题的方法与思路。学习小组也可依托教师预设的问题讨论解决，把小组合作探究的成果进行交流展示。

首先，合理组建学习小组，强化角色意识。

教师在组建合作小组的时候，应做到心中有数，要考虑学习成绩、各种能力、思想品德、男女性别、学习内容等因素，遵循"兼顾个体差异，能力互补"的原则，便于学生在合作时展开争议，相互影响带动，同时也使学生在小组活动中优势互补，从多个视角、多种层面扩大信息量，丰富思维。小组合作学习的内容要有探究价值。要使小组合作学习真正体现"合作"二字，小组合作完成的任务就必须有探究性，只有这样，才能引起学生主动参与的兴趣，能激发学生思维活动的展开。比如课堂的难点问题，通过合作拓展思路，最终使难点迎刃而解。

其次，注重培养合作意识、合作能力、合作精神。

由于学生个体差异，经常看到合作学习变成"优生"挑大梁，学困生跑龙套的假合作学习。思维敏捷，语言表达能力强的学生常乐于表达而不疲；反应较慢，羞于开口的学生便成了"收音机"。这样合作学习变成优生在唱"独角戏"，根本无法深入，更谈不上达到生生互动、互帮互学、共同成长的合作目的了。因此，教师要训练学生自主合作的意识和主动探究的习惯。

（1）建立长期合作小组

开展一些小组合作学习竞赛活动，使学生产生自主、合作、探究的欲望。

（2）发展学生自主能力

自主、合作、探究是新课程积极提倡的有效学习方式，其中自主应该是基础。举个很简单的例子，几个人合作开办公司，各合作者自己必须要有一定的经济基础或能力基础，也就是他们的合作必须建立在个人努力的基础上才能进行。学生的合作学习也是如此，如果小组成员没有一定的自主学习能力，那么他们的合作也是毫无实效的。因此，要想有效地开展小组合作学习，我们还应重视发展学生的自主能力。而学生自主能力的培养功在平常，注意循序渐进，不可拔苗助长。

再次，发挥教师的引领作用，教给小组合作方法，提高合作效率。

教师是课堂教学的组织者、引导者和合作者。组织学生开展丰富多彩的学习活动，引导学生进行自主、合作、探究，与学生合作共同解决学习中碰到的困难。因此，在学生小组合作学习时，教师应注重自身参与，学生进行小组合作的时候，教师不是等待，不是观望，也不是去干其他事情，而应深入到小组中去，了解学生合作的效果、讨论的焦点、认知的进程等，从而灵活地调整下一个教学环节。另一方面给学生一种无形的期望，激励学生积极讨论、交流，提高合作的效率。

教给学生一些基本的合作技能。比如在小组合作分工学习时，要教给学生分工的方法，根据不同成员的能力，让他们承担不同难度的任务，保证任务的顺利完成。在小组合作讨论、交流学习时，教给学生要尊重对方、理解对方，善于倾听对方的意见；有不同意见，也要等对方说完，自己再补充或提出反对意见；碰到分歧或困难，要心平气和，学会反思，建设性地解决问题。当然，这些技能和品质，不是一朝一夕能练成的，而是需要长期培养，潜移默化。这种长期培养，仅仅依靠课堂的训练是远远不够的，应重视学生课后小组合作学习的延伸。

最后，切实加强交流与评价。

（1）运用同伴评价，促进学生发展

第一是组内互评。为使学生在对同伴评价时有据可评、有话可说，同时培养他们对人、对事物客观公正的态度，善于对待他人进步的精神。因此，评价的侧重点由评小组成员的合作态度，再到合作质量，最后到创新，循序渐进。

第二是组际互评。在注重组内互评的同时，更应注重组际互评，让学生对合作小组集体作出合理的评价，从中反映学生集体或个人的素质情况。不但评知识掌握，而且评学习态度、学习能力等，一方面增强参与合作的意识；另一方面一改以往教师评学生听的局面，让学生真切感受到自己是学习的主人。通过这种评价，使学生增强集体责任感、集体荣誉感，并进一步提高其分析能力。

（2）教师激励评价，促使学生进步

一是对学生个人表现进行评价。教师对个人进行评价的首要意识是学习过程评价与学习结果评价相结合，侧重于对过程的评价。

二是对合作状况进行评价。教师精心组织小组合作学习，关注学生合作状况，关注学生与他人合作的态度，及时作出合理的评价。

三、课堂小结（5分钟）

课堂小结能帮助学生理顺知识，能使学生更牢固地掌握好学习过的内容，且对学习的知识起到画龙点睛的归纳作用。因此，在一堂课结束前教师要结合本节课的教学目标、教学重难点、基础知识点、基本技能、过程和方法、情感态度和价值观与学生共同进行总结。提高学生的注意力，升华学生的思维，鼓励学生在思中悟、悟中做，学、思、做相结合，锻炼学生表达自己的能力以及巩固所学的知识，老师加以引导，使本课知识要点化、系统化。

课堂教学总结应注意以下几点。

（1）总结要注重学生的学习反思

总结不应只是教师的任务，也是学生学习的重要环节。孔子云："学而不思则罔，思而不学则殆"，表明了学习与思考之间的辩证关系。思考对学生来说意义很重要，对所学的内容理解，学生创造性思维的形成与发展起到重要作用。因此在教学中要给学生自我总结的空间。

（2）总结要结合课程目标来进行

新课程标准明确提出了知识与技能、过程与方法、情感态度与价值观的三维目标。因此教学总结结合目标进行。

（3）总结要以疑引新

进行总结时，要根据教学的知识系统，提出承上启下的新问题，这样可以使新旧知识联系在一起，同时可以激发学生的求知欲望。

（4）总结要向课外延伸与扩展

在课堂总结中，要抓好课堂教学的内容与学生的社会实践之间的联系，让学生认识到学习的知识是和日常生活息息相关的，这样能让他们运用学习的知识来解决实际的问题。让他们体会到学习的重要性和快乐。

四、有效训练（5分钟）

针对本节课教学目标、重难点、易错点、频考点，精编精选当堂达标训练题，进行当堂达标测试。应遵循三条原则：一是发散性思维原则。选练题目有一定的代表性，通过练习能使学生举一反三。二是量力而行原则。做到选练的题目适度、适量。所谓适度，就是难易适中，既不拔高，又不过于简单。所谓适量，就是作业总量以学生经过努力在5分钟内能完成为限，又不偏少。三是针对性地布置不同层次的习题。要求学生限时限量完成测试题，可通过教师抽检、小组长批阅、同桌互批等方式了解学生答题情况，及时对错题进行讲评点拨，确保训练的有效性。强化当堂训练、提高反馈矫正实效性的同时，也要注重课后作业训练的高效性。高效训练要做到"六有六必"，即有练教师必先做、有练必选、有发必收、有收必批、有批必评、有错必纠。坚持做到精选精练，把握难度，删除繁、难、偏、旧的题目，提高训练效度；必须做到，及时批改，精批细改；讲评之前必须先做统计归纳，切实提高讲评的针对性。

附录 32

秦都区英才学校 2023—2024 年第一学期
第一期电视节目脚本

立德树人 筑梦英才 系列访谈

特邀嘉宾：七年级优秀新生代表董××

A：聆听英才美好声音。

B：关注英才前沿资讯。

A：亲爱的观众朋友们，大家好，这里是秦都区英才学校校园广播电视台。我是主持人××。

B：我是主持人××。

A：秦都区英才学校 2023—2024 年第一学期电视台全新改版，强势回归，特推出"立德树人 筑梦英才"系列访谈节目。欢迎大家观看！

B：本期我们邀请到演播厅的嘉宾是七年级优秀新生代表董××，欢迎董××同学！

Part1

A：董××同学，听说你入学以来多次在学校大型活动中作为新生代表发言，你能给大家说说都参加了哪些活动吗？

B：是的是的，真正的品学兼优，十项全能！

董××：过奖过奖，主要也是要感谢老师和学校给我的机会，开学以来，我很荣幸在国防教育暨新生行为习惯养成教育启动仪式和开学典礼上作为新生代表发言，此外我还参加了学校的"走进陕西中医药大学"研学活动、"开学第一课——法治进校园"活动、教师节学科德育大融合活动、"坚定理想信念、争做有为少年"系列主题德育活动、九一八事变纪念活动等。

A：校园生活真是丰富多彩！

B：是呀是呀，你在这些活动中有什么收获吗？

董××：收获可太多了，比如为期 7 天的国防教育暨新生行为习惯养成教育，增强了我们的国防意识和爱国情怀，锻炼了我们坚强勇毅的意志品质、强健了我们的体魄，让我们树立了团结协作的集体意识。

在"走进陕西中医药大学"研学活动中，我们在讲解员的带领讲解下参观了校史馆、中国古代医学专题展馆、中药标本馆和五行园，沉浸式学习了解了中医药的历史和现状，近距离观摩了中草药植株和标本，聆听了中医药理知识，领略到了中医药文化和中华传统文化的无穷魅力。

在"法治进校园"活动中，我们聆听了咸阳市人民检察院检察官助理吴××带来的《扬正气、守法治、做网络时代新人》法治教育讲座。吴检察官通过具体案例以案释法、以法论事，给我们上了一堂生动的普法课，让我们树立了网络安全意识，提高了防骗能力。

在"坚定理想信念、争做有为少年"系列主题德育活动中，我们通过观看坚定理想信念主题教育视频、开展主题班会、书写社会主义核心价值观、举办演讲比赛、征集手抄报等丰富形式筑牢了理想信念根基，树立了崇高理想，立志砥砺强国之志，争做新时代好少年。

在教师节学科德育大融合活动中，我们通过赏析文学作品，仿写、续写、英文写话、制作主题手抄报、唱歌、舞蹈等丰富形式表达对老师的崇敬之情、感恩之情。让我们学会了将不同学科的知识运用于生活之中，在知恩、感恩、报恩中树立崇高理想，涵养美好品德，实现人生价值。

九一八事变纪念活动让我们进一步了解了历史真相、英雄事迹，增强了爱国情感和民族责任心。激励我们将化悲愤为力量，将爱国热情融入振兴中华、强盛民族的实际行动中去，为实现中华民族伟大复兴的中国梦贡献力量！

A：哈哈，看来你真是受益匪浅，我们学校本学期还有许多德育课程和活动呢。

B：是的是的，我校以立德树人为根本任务，围绕"美的风景 好的教育"特色办学理念，秉持"全员育人、全程育人、全方位育人"三全育人方略，通过文化蕴德、实践悟德、家校赋德、阵地育德、榜样树德、校社立德六大路径，积极构筑家—校—社会三位一体的德育工作网络，做强做实校本德育课程一体化建设，致力于打造彰显英才和谐文化内涵的德育体系，培养自信阳光、勤奋善思、向美而生、向好而长的英才少年。本学期我校还将结合传统节日、校本德育课程主线主题开展歌唱比赛、朗诵比赛、田径运动会等大型活动，丰富学生校园生活，促进学生全面发展。

A：董××同学，听说你兴趣爱好广泛，你都参加了哪些校内精品社团呢？

董××：哈哈，我参加了××社团和××社团，还加入了学校的××校队，学校的精品社团特别多，让我都挑花了眼呢。

B：是的是的，我校坚持做优课后服务的社团活动，坚持以生为本，围绕多元化、社会化两大原则，创设"强身健体""传承文化""探索创新""艺术感知""人文素养"五大系列课程体系，47个社团，社团教师由学科专业领域突出的骨干教师、省市区级教学能手等优秀教师组成。社团活动坚持"政府主导、学校主体、社会参与、学生家长自愿参加"原则，采取"自主报名、学校核准、统筹安排"的方式开展。学校还将为社团活动中表现优秀的学生提供更大更好的平台，参加各类省、市、区级比赛和活动，让学生开阔视野，提升能力。社团活动的开展不仅为学生提供了更便捷、更优质的活动资源，为学生提供培养爱好、提升能力、展现自我的平台，也帮助家长解决了"上学接送难"的问题，旨在办让学生满意、家长安心、社会放心的优质化课后服务社团。

董××：是的是的，棒棒哒！

A：纸上得来终觉浅，绝知此事要躬行。随着"三个课堂"课改行动的不断深化，我校在扎实开展校内"第一课堂、第二课堂"的同时，积极拓宽校外"第三课堂"活动，使学生在参与社会实践中增长见识、锻炼能力。本学期我校将挖掘周边企业、文化资源，开展"走进名企业"、"博物馆的秘密"、探寻"刘古愚"、"探寻咸阳的前世今生"等研学活动。让英才少年在"行走中"观察社会，体悟吸收自然、科学、历史、地理等相关学科知识，促进学科融合和知行合一，助力学生全面健康成长。

董××：期待期待！文化蕴德英才，奠基美好人生，我们一定不会辜负学校的栽培，努力成长为德智体美劳全面发展的新时代好少年！

Part2

B：董××同学，来到秦都区英才学校已经快一个月了，你对咱们学校的老师印象如何呀？

董××：我非常喜欢咱们学校的老师，我觉得学校的老师年轻有活力，颜值与实力并存，讲课讲得非常好，他们不仅对学生细心有耐心，还不断努力提升自己，给我们做了很好的榜样。

B：是的，我校师资力量可是非常雄厚的，我校教师由全市范围内遴选的骨干教师、教育部直属六所师范大学（北师大、华东师大、华中师大、东北师大、陕师大、西南大学）公费师范生、秦都区高素质人才引进为主。公费师范生20人；研究生17人；省市区教学能手，学科带头人，骨干教师共40余人。

A：对的对的，我校着力加强教师队伍建设，秉持"快乐工作、优雅生活"的教育理想，引领教师专业成长。以学科组建设为阵地，以"青蓝工程""强师计划""名师工程"为抓手，扎实提升教师业务能力，着力构建专业化教师队伍。近年来，我校共培养"三级三类"骨干教师及名班主任共40余名，2023年赵××、任××、刘×、苗×、任×等5位老师荣获市区教学能手荣誉称号。

董××：嗯嗯，2023年我校5项省市级课题获准立项；陕西省第二届中小学课堂教学创新大赛中我校任×老师荣获三等奖，两位老师荣获优秀奖；14名教师在陕西省第十六次优秀教科研论文与成果交流评选活动中获奖；65名教师在秦都区优秀教育教学成果评选中获奖。2023年9月10日我校在"躬耕教坛 强国有我"秦都区庆祝第39个教师节暨教育先进表彰大会中荣获秦都区教育质量先进单位，学校多名教职工、领导干部被评选为教育系统先进个人，袁×校长被评为秦都区优秀校长。

A：棒棒哒！

B：董××同学，升入初中后，你觉得学习生活有什么变化吗？压力大吗？

董××：哈哈，压力还是有一点的，升入初中后，学习科目增多，知识难度也上了一个台阶，不过在老师父母和同学们的帮助下我已经适应了快节奏的生活，现在对自己非常有信心。

A：不愧是学霸呀！你能告诉大家高效学习的关键是什么吗？

董××：那当然是抓住课堂了，我们的每一个老师都会在课堂上为我们清晰详细地讲解所有知识点，并且坚持讲练结合，只要上课认真听讲，跟着老师的思维做好随堂练习，课下认真完成老师布置的作业，成绩肯定差不了。听说学校今年的中考成绩很不错呢。

B：是的是的，我校始终将教育教学质量放在学校工作的中心位置。自2022年版新课标实施以来，我校全体教师在学校—学部—学科组三级组织的带领下，深入研读新课标，认真践行"2155"高效课堂模式，不断更新教学理念，学科组在学校及学部的统筹部署下，优化课程体系，加强学科建设。学校教学质量节节攀升，社会美誉度不断提升。2023年中考我校实现了建校以来咸阳市中考前200名的"零突破"，郑××同学783分，位列全市86名，雒××同学779分，位列170名，其中700分以上达到56人，各科成绩均位于秦都区前列，为家长、社会交上了一份满意的答卷。

A：棒棒哒！2024届初三全体师生正在奋力拼搏中，相信明年6月定能创造新的辉煌！新学期有什么想对同学们说的吗？

董××：青春当怀凌云志，鲜衣怒马奔新程。站在新起点，迎接新挑战，创造新成绩，同学们，让我们带着破釜沉舟、卧薪尝胆的豪情，带着父母和老师的期望、青春的梦想，自信地去开启一个辉煌的新学期吧！

Part3

A：庆盛世华诞，迎金秋满月，本周我们将迎来中秋国庆双节，节目最后，大家为祖国、电视机前的英才家人们和观众朋友们送上祝福吧！

B：好的好的。我先来，这片960多万平方公里的辽阔土地，即将迎来74周岁的华诞，神州奋起，国家繁荣；山河壮丽，岁月峥嵘；江山不老，祖国常春！祝愿伟大的祖国母亲永远繁荣昌盛！

董××：月圆人圆事事圆，美好生活比蜜甜，祝所有的同学成长进步源源不断，祝老师们、叔叔阿姨们、爷爷奶奶们，心想事成！圆圆满满！

A：嗯嗯，金秋逢盛世，奋进新征程。让我们在这个秋天怀揣梦想出发，逐梦枝繁叶茂的未来，喜迎秋的硕果！本期节目到这里就结束了，再次感谢董××同学的到来！

B：谢谢董××！秦都区英才学校2023—2024年第一学期电视台特辑："立德树人 筑梦英才"系列访谈节目期待与您再会！

A：再会！

附录33

秦都区英才学校2022—2023年第一学期
第一期电视节目脚本

"悦享运动 奔赴未来"第二届校园运动会特辑（一）

A：聆听英才美好声音。

B、C：关注英才前沿资讯。

A：亲爱的观众朋友们，大家好，我是秦都区英才学校校园广播电视台记者××。

B：我是记者××。

C：我是记者××。

A：我们现在正在秦都区英才学校"悦享运动 奔赴未来"第二届校园田径运动会开幕式现场。大家可以感受到现场气氛十分热烈，充满同学们的欢声笑语。

B：本期我们将带来有趣有料的运动会现场报道，带领大家沉浸式体验一年一度的春季校园体育盛会。

C：感受运动与拼搏的欢畅！

A、B、C：悦享运动、奔赴未来、青春无畏、追梦无悔，让我们一起出发吧！

（一）开幕式方阵采访问题

同学你好！快要上场了，你的心情如何？

同学，你们班方阵展示的特色是什么？有什么寓意？

同学刚才经过主席台你的心情怎么样？你给你们班的表现打几分？

老师您好，您最喜欢哪个班的方阵展示？为什么？

运动会就要开始了，为班里的运动健儿说一句打气的话吧！

（二）裁判员采访问题

老师，您能给我们介绍一下今天的比赛日程吗？

老师您觉得今天的比赛同学们表现怎么样？

老师您能给参加运动会的同学一些赛前训练建议和赛后肌肉放松建议吗？

您能给即将比赛的同学加加油吧！

（三）运动员采访问题

同学请问你参加的是什么项目？快要比赛了，你紧张吗？有信心吗？

同学你觉得刚才的发挥怎么样？有信心冲刺决赛吗？

给自己说一句加油打气的话吧！

（四）领导采访

您觉得本次运动会开办的意义是什么？您想对同学们说什么？

运动会是力量的角逐、是智慧的较量、是综合素质的展示。我们一定要将运动会办成一个"安全、文明、拼搏、奋进"的盛会，力争通过本届运动会展示我校师生的新风采，取得运动成绩和精神文明双丰收，让校运会成为展示体育精神、推动学校进步、促进和谐发展的盛会。

"生命因运动而精彩！"同学们，你们正处于长身体、长知识、长才干的黄金时期，积极参加体育锻炼，有效增强体质是实现人生价值、达成理想目标的重要基础。希望通过运动会，让我们每一位师生都能体验运动精神的内涵，享受到运动所带来的快乐，在阳光下全面、健康、快乐地成长。

您觉得同学们的表现怎么样？

哪个班的开幕式方阵表演给您留下的印象最深，为什么？

为运动健儿说一句打气的话吧！

（五）观众采访

请用三个词形容一下今天的开幕式！

请用三个词形容一下自己的心情！

说说你对"更高、更快、更强"体育精神的理解。（问学霸）

不断进取、永不满足的奋斗精神和不畏艰险、敢攀高峰的拼搏精神。

A、B、C：悦享运动、奔赴未来、青春无畏、追梦无悔！

B、C：秦都区英才学校"悦享运动 奔赴未来"第二届校园田径运动会火热进行中，4月12日—4月14日更多精彩期待大家的持续关注！

A、B、C：我们明天再见！

电视台视频

附录 34

秦都区英才学校教育共同体体育健康节暨丰收嘉年华活动

万里秋风丹桂飘香，千般美景盛世英才。2023年11月1日上午，秦都区英才学校全体师生欢聚一堂，隆重举行秦都区英才学校教育共同体体育健康节暨丰收嘉年华开幕仪式，我校党总支书记王×、校长袁×，副校长李××、张×、赵×、白××，新时代城乡教育共同体双照教育组组长张××，双照中心小学校长魏××，双照西城小学校长王××，双照庞村小学校长姜××出席开幕式，伴随着激昂的运动员进行曲，在国旗队、校旗队、彩旗队的引导下，一个个方队穿着整齐的校服，迈着有力的步伐，喊着响亮的口号接受检阅，展现出特色多元的中华文化，绽放出青春的魅力。

学校体育健康节开幕式活动照片（一）

袁×校长发表致辞。她表示近年来，我校认真贯彻"五项管理"规定，积极落实"双减"政策，深化五育并举，大力做实做优特色劳动教育，培养德智体美劳全面发展的英才少年。每年常态化开展体育健康节及丰收嘉年华活动，本次盛会共有89个体育比赛项目，4个篇章的丰收节活动，800多名师生及家长朋友们参与，是我们团队精神和集体荣誉的又一次展现，也对我校体育、劳育工作的再一次大检阅。秋风飞扬、遍地金黄，绿茵场上迎风跑，种植园里欢乐游，热血青春洒朝气，春华秋实迎硕果，将是绚烂金秋最美的校园风景线。勉励全体师生在这个金秋逐梦出发，用饱满的热情，以拼搏的姿态、贡献一届具有拼搏精神、时代气息、青春风采的体育盛会和丰收盛会！

学校体育健康节开幕式活动照片（二）

开幕式以小学学部《传统体育民族篇》，明德学部《新兴体育时代篇》，初中学部、教师组《核心体育展望篇》，初中学部《盛世旷景升华篇》4个篇章展开，为我们带来了一场融古典文化、传统经典、时尚潮流、青春律动为一体的文化盛宴。

学校体育健康节开幕式活动照片（三）

天高地迥，显教育事业之辽阔；田野金黄，庆育人事业之丰收。这场盛会，既是运动场，激烈豪壮，精彩纷呈；也是文化场，传承创新，底蕴悠长，展现了英才少年热爱祖国、顽强拼搏、团结协作的精神力量。相信英才全体师生将以饱满的热情，拼搏的姿态投入到活动中，以团结友爱、积极昂扬的精神，共同创造一个充满激情和辉煌的运动盛会和金秋丰收盛会！

附录35

嘉年华活动
（公众号）

校园文化艺术节：
采访视频

秦都区英才学校"展精彩艺术人生，绽校园文化魅力"第四届校园文化艺术节

一年级新生入学活动

10岁成长礼

附录 36

学科特色作业展

为进一步落实"双减"政策，推进基础教育课程改革，真正做到以核心素养为导向的教育教学，让学生在学校得到全面发展。根据一年级教学内容以及学生年龄特点，特设趣味性学科活动，以此激发学生学习的热情。一年级组细心谋划、精心组织，开展教学教研工作，为举行特色学科活动打下扎实的基础。

语文特色作业立足于联系生活，启发孩子，寓教于乐，让孩子们爱上语文。

"字"从遇见你学科活动中，通过识字小报、糖果罐等多种形式让孩子们在生活中识字，感受识字的乐趣，体会汉字文化的博大精深。

"乐学音，巧识形"中，孩子们走进自然、走进生活，充分发挥想象力，畅游拼音王国。

数学特色作业中，孩子们畅游在"数字王国"，用自己喜欢的方式去设计数字，在设计中体会数字的特点，感受数学的乐趣。

"神机妙算，数我最行"，在计算单元结束后，孩子们动手制作出多样化的计算表盘，将自己喜爱的卡通元素与数学相结合，在学中玩、玩中学。

一幅幅精美的"数学连环画"、一个个有趣的"数学故事"跃然纸上，让计算和数学问题的运用有趣化，在动手玩的同时提高了数学思维能力。

"乐学促成长，智趣大闯关"，以闯关的形式，将所学知识与游戏结合在一起，真正做到了"寓教于乐，寓乐于学"。

学科特色作业展

一次次的学科活动让每个孩子收获了知识与快乐，感受到了进步和愉悦，绽放出了自信的笑容！

附录37

三年级特色作业展
"语"你同行 "文"以致远

为落实"双减"政策,在语文教学中,我们将作业呈现出了多元化设计的方向,实现自主选择作业,有效管理。

选,依据语文课堂教学目标达成情况,设计读、画、写等不同类型作业,引导学生根据自己的喜好自主选择,愉悦完成。

延,依据教材中单元人文要素、语文要素,设计实践作业,延伸生活、亲近自然,延伸拓展。

融,将语文和劳动教育、美育进行融合,设计有层次的项目课程,提升实践操作能力。

三年级特色作业活动照片(一)

1. 三年级数学组开展的学科活动及特色作业如下。

越算越开心——巧算"24点"的学科活动,以数学游戏为载体,培养孩子快捷的心算能力和反应能力。不仅激发了学生学习数学的热情,还培养了学生的数学兴趣和数学素养。启迪学生思维,开发学生智力,让学生"正确、迅速、灵活"地进行计算。

三年级特色作业活动照片（二）

"小小日历 大大智慧"学科活动，设计制作2024年的日历，不仅有效培养了学生动手能力，还让学生进一步巩固了年、月、日等有关知识，使学生知道了日历的结构，会看日历，初步掌握了制作日历的方法，也提升了自主探究、动手实践以及合作的学习能力。

三年级特色作业活动照片（三）

"巧测周长"实践活动，通过这次"周长"之旅，不仅丰富孩子们的学习体验，还让学生再经历、再观察、再思考、再总结，拓宽了学生的视野，丰富了学习经历，积累了学习经验，也为学生的生活增添了明媚的色彩。

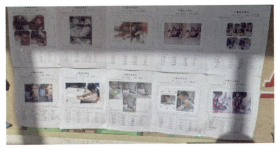

三年级特色作业活动照片(四)

2.本学期三年级英语组开展的学科活动及特色作业如下。

(1)英语创意字母秀

本次特色作业的选材来源于陕旅版三年级英语上册教材,第一次特色作业是创意字母秀。孩子们以26个英文字母为基本元素,充分发挥自己的想象力,巧妙地将英文字母与书法、绘画、舞蹈等艺术形式相结合,为我们呈现出一场视觉与心灵的盛宴。

英语创意字母秀(一)

本次特色作业依据第五单元的主题——I have a bag,以文具为主题,为了激发学生对文具类词汇的认知和学习兴趣,我们要求学生绘制出文具类词汇的思维导图,增强学生对文具类词汇的记忆和理解,而且通过创意性的思维导图,可以培养学生的逻辑思维和想象力。

英语创意字母秀(二)

附录38

家校携手，共育花开

秦都区英才学校开展"家长讲师进课堂"活动
（公众号）

为全面贯彻落实《关于健全学校家庭社会协同育人机制的意见》，建立健全家庭学校社会协同育人机制，充分发挥学校在协同育人中的主导作用，增强协同育人共识，助力学生健康成长，我校常态化开展"家长讲师进校园"活动。

家长讲师进课堂

烂漫金秋，家校情融。近日多个班级邀请了各行各业的热心家长走进课堂，充分发挥职业优势与兴趣特长，为学生们带来全新的课程体验。不一样的老师，不一样的课堂，他们会与孩子们擦出怎样的火花呢？让我们一起去看一看吧！

宇宙、太阳系、行星这些都是学生们非常好奇和感兴趣的科学领域。我校七、八年级邀请了天文学爱好者家长邓先生到校为孩子们教授知识，在操场上，邓先生结合天文望远镜给学生们讲解了关于太阳黑子、月亮以及地球自转和公转的科学知识。孩子们遨游在知识的海洋，激发了对太空和科学研究的热情与向往，个个听得津津有味！

哲学家黑格尔说："一个民族有一群仰望星空的人，他们才有希望。"浩瀚无垠的宇宙，承载着自古以来多少专家、多少学者的期望，但对于人类，宇宙还是一个巨大的谜团，在等待着我们去探索。希望通过这次"家长讲师进课堂"活动，能够激发同学对天文观测的兴趣和对宇宙的探索热情，为我国天文事业和航天事业的发展播撒希望的种子。

仰望天空，共话成长

借着秋天的风，伴着孩子们一阵阵热烈的掌声，英才爸妈们走进了小学各班，共赴一场成长之旅。他们呈现了丰富多彩的教学活动，有牙齿健康、交通规则及标志认识、线的认识、梦想的职业、风力发电、医学知识我知道、情绪管理等课程。

家长们的课语言生动，教学内容丰富有趣、形式多样，不仅孩子们听得津津有味，老师们也沉浸在精彩的课堂中。心有所向，平凡的日子也泛着光。我们相信，在每位家长的关爱和指导下，英才的孩子们将成为具有宽广视野和综合能力的未来之星！

爸妈课堂，点亮童年

教育是一场美好的双向奔赴，每一次的相约都给孩子成长的力量。家长讲师团不仅播撒了知识的种子，开阔了孩子们的视野，更让孩子们加深了对生活的思考和领悟，积累了宝贵的精神财富，留下了难忘的成长记忆。非常感谢家长讲师团每一位家长的用心付出，热忱欢迎更多家长走进校园、走进课堂，带孩子们一起领略丰富多彩的世界！

附录 39

劳动庆丰收，实践助成长
——秦都区英才学校开展丰收节主题系列活动方案

秋天是成熟的季节，是收获的季节。为了加强学生的综合实践能力，增加学生的生活体验，让学生发现自然之美、感受劳动的快乐、体会收获的喜悦、走进农田、感受丰收，秦都区英才学校开展丰收节主题系列活动。

一、活动主题

庆丰收、促和美。

二、活动时间、地点

2023 年 11 月 1 日 14：30 生态种植园。

彩排时间：2023 年 10 月 27 日 14：30 生态种植园

三、参加人员

1—9 年级学生及家长代表。

分　　组：

第一组：一年级　　　　负责人：陈　×、王××

第二组：二年级+七年级　负责人：陈　×、王××

第三组：三年级+八年级　负责人：陈　×、王××

第四组：四年级+九年级　负责人：陈　×、王××

第五组：五年级+六年级　负责人：张　×、付　×

四、活动安排

第一章节：校园小农夫"采"丰收

"春种一粒粟，秋收万颗子。"让学生从书本走向生活，从课堂走向劳动基地，在实践体验中了解农耕文化，体验劳作之趣，积累农事劳动经验。

活动流程："农耕知识我知道"

（1）获奖采摘参与人员：每组学生＋家长共 10 人

（2）时间、地点：14：40—15：10 生态种植园

（3）丰收合影参与人员：一至九年级学生、家长

蔬菜 DIY 花束赛

（1）参与人员：每组学生＋家长共 10 人

（2）时间、地点：15：10—15：50 生态种植园

第二章节：光盘行动"悟"丰收

"一粥一饭，当思来之不易。"为弘扬中华民族勤俭节约的美德，开展"节约粮食，拒绝浪费"的光盘活动，让我们一起成为光盘达人，并绘制光盘行动宣传画。

活动流程：师生现场绘画

（1）参与人员：每组学生＋家长共10人

（2）时间、地点：15：10—15：50 生态种植园

（3）书法：马×× 家长代表

绘画：学生

备注：画纸学校提供，画笔学生自备

第三章节：美食嘉年华"品"丰收

"人间至味是清欢，唯美食不可辜负。"走进丰收月，感恩大自然慷慨地赐予我们一切，参与制作美食的全过程，品尝自己的劳动成果，感受收获的美好。

1. 美食制作

（1）参与人员：每组学生＋家长共10人

（2）时间、地点：15：10—15：50 餐厅

2. 美食分享

（1）参与人员：一至九年级学生、家长

（2）时间、地点：15：50—16：10 校门口

第四章节："丰收故事我来讲——争做红领巾讲解员"实践体验活动

宣传优秀丰收故事讲述者，少先队员红色寻访、参观学习、文化体验、志愿讲解、展示交流。

秦都区英才学校

2023年10月25日

后 记

心怀炙热，步履坚实

就像翻过画册的新页，那里尽是未经涂绘的空白。就像越过群山的峰巅，那边都是未曾领略的风景。旧章与新篇，有限与无限，空白与绚烂，兴奋与怅惋。岁月的循环生生不息，终点即起点。广袤的大地总是无言，行稳方能致远。有的期盼漫不经心，有的期盼牵动衷肠，无论身心处于怎样的境况，未来都带着毫不迟疑的从容，款款向我们走来。

2018 年开学典礼

2019 年开学典礼

2020 年开学典礼

2021 年开学典礼

2022 年开学典礼

2023 年开学典礼

回首过去的五年，秦都区英才学校科学的顶层设计，校长的智慧领导，团队的精诚合作，全校师生员工的执着追求，生动展示了英才人深厚的教育情怀和赤诚的使命担当。为教学赋能，为教育铸魂！我们始终坚信：当奋斗感动了时光，所有美好，定会如约而至！

浩荡山河，笃行致远。习近平总书记在主持中共中央政治局第五次集体学习时的重要讲话吹响了建设教育强国的号角，面向 2035 年，我们要围绕充分发挥基础教育"基点"作用下功夫，加快建设基础教育强国。一方面要坚定自信、打好基础，巩固和发扬我国基础教育优势，教育引导学生从小打牢爱党爱国爱人民爱社会主义底色、打牢中华优秀传统文化底色、打牢民族复兴人才奠基底色；另一方面要面向未来、增强后劲，厚植创新人才成长沃土，扎实提高学生综合素质，为学生终身发展奠基，为高等教育发展和人才强国提供支撑。

征程漫漫，希望满怀。全体英才人凭借饱满的工作热情、求真务实的工作态度打造出"美的风景 好的教育"的美好教育品牌；营造出"向美而生 向好而长"的学校文化氛围，在区委区政府、区教育局的正确领导下，立足新时代教育高质量发展新要求，紧扣高质量、高能级、高标准、高站位，进一步坚定信心，完善机制，创新模式，补齐短板，突破瓶颈，全面提升教育教学质量，不负党和人民的殷切嘱托，倾心倾力办好人民满意教育，育天下英才，书美好篇章！